콤플렉스
COMPLEX

가와이 하야오 지음 | **위정훈** 옮김

일러두기

1. 이 책은 국립국어원 외래어 표기법에 따라 일본어를 표기하였다.

2. 주요 인명 및 용어는 본문 중 처음 등장할 시에 원어명을 병기하였다.
   *인명
     예) 칼 융Carl Gustav Jung, 도이 다케오土居健郎
   *용어
     예) 카인 콤플렉스Cain Complex, 오이디푸스 콤플렉스Oedipus complex

3. 서적 제목은 겹낫표(『』)로 표시하였으며, 그 외 인용, 강조, 생각 등은 따옴표를 사용하였다.
   *서적 제목
     예) 『지킬 박사와 하이드』, 『임상심리학 논고臨床心理学論考』

목 차

제 1 장 콤플렉스란 무엇인가

‘콤플렉스’란 심리학 전문용어다. 그러나 요즘은 “저 사람은 콤플렉스가 심해서 짜증나”, “나는 음악에 콤플렉스가 있어” 등등 일상에서도 많이 쓰이고 있다.

처음 소개되었을 때는 ‘심적 복합체心的複合體’나 ‘복합複合’ 등으로 번역했지만 요즘은 콤플렉스라는 말이 그대로 쓰이며, 이젠 거의 일상용어가 되었다. 하지만 이 콤플렉스를 오늘날 우리가 쓰는 의미와 비슷하게 처음으로 사용한 사람이 스위스의 정신과 의사인 칼 융Carl Gustav Jung이라는 사실이나 콤플렉스의 정확한 뜻에 대해 의외로 모르는 사람이 많다. 그래서 콤플렉스에 관해 찬찬히 살펴보고자 한다. 먼저 우리가 콤플렉스의 존재를 느낄 수 있는 심리현상부터 알아보자.

1. 주체성을 위협하는 것

우리는 자신의 행동을 스스로 통제할 수 있다고 생각한다. 뭔가 먹고 싶으면 먹고, 먹고 싶지 않으면 안 먹는다. 언제나 자신의 의지에 따라 행동하고 주체적으로 움직인다. 하지만 과연 항상 그럴까? 우리의 주체성은 스스로가 믿고 있는 것보다 약하며, 자신의 의지와는 다른 행동이 나와버리는 바람에 고민하는 사람도 많다.

노이로제에 걸린 사람은 어떤 의미에서는, 자신의 의지에 반하는 행동이나 관념 때문에 고민하는 사람이라고 말할 수 있다. 한 가지 예로 대인공포증을 생각해보자.

어떤 여학생이 이유 없이 사람이 무서워져서 외출을 못 하게 되었다. 특별한 이유도 없고 "이러고 있는 건 정말 말도 안 돼!" 하고 생각하면서도, 막상 외출을 하려고 하면 무서워져서 아무리 애를 써도 밖으로 나갈 수가 없다는 것이다. 이런 경우, 고민하고 있는 본인도 '말도 안 된다'는 것을 알면서도 본인의 의지에 반해 공포심이 솟구치는 것이 대인공포증의 특징이다.

또 다른 예로 학교공포증을 생각해보자. 이 증상을 보이는 사람들은 대부분 공부도 잘하고 성실한 학생으로, 학교나 선생님도 싫어하지 않는다(이 점에서, 학교공포증이라는 진단명은 약간 오해를 부른다. 그들은 의식적으로는 학교나 선생님께 어떤 공포심도 갖고 있지 않다). 오히려, 학교에 가고 싶다는 생각에 전날 밤부터 가슴 설레는 학생도 있다. 하지만 아침이 되면 "이유는 모르겠는데 도저히 못 가겠다"고 하는 것이다. 성실한 학생의 의지에 반해서 학교에 못 가게 만드는 건 대체 누구일까?

본인의 의지에 반하는 행동이라는 점에서 가장 극적인 예는 히스테리일 것이다. 이제부터 무대에 서야 하는데 다리가 마비되어 춤을 못 추는 발레리나. 회의에서 중요한 프레젠테이션을 해야 하는데 전날 밤부터 갑자기 목소리가 나오지 않는 회사원. 이런 경우는 자신의 의지에 반해 몸의 기능이 정지해버리는 것이므로 그 사람의 신체에 대한 주체성이 완전히 위협당하고 있는 상태다. 프로이트Sigmund Freud나 융이 연구를 시작했을 때는 히스테리 환자가 많아서, 몸에는 아무 이상이 없는데 눈이 보이지 않게 되거나 귀가 들리지 않게 된 사례가 그들의 초기 논문에 많이 등장한다. 오늘날에는 꽤 줄어들었지만 그래도 완전히 없어진 것은 아니라서 여전히 치료를 받으러 찾아오는 사람이 있다.

이런 노이로제 사례에 대해 독자 여러분은 '그런 일도 있구나' 하고 남의 일처럼 생각할지도 모르겠다. 그런 증상은 '이상'한 사람에게 일어나는 일이며, 여러분처럼 '정상'인 사람에게는 일어나지 않으리라 생각할지도 모르겠다. 그러나 정상과 이상 사이의 벽은 우리 생각만큼 튼튼하지는 않다.

예를 들어 대인공포증을 생각해보자. 대인공포증은 일본인에게 많아서 일본인의 심리를 해명하는 데에도 흥미로운 노이로제다. 일반인 중에 이 공포증에 가까운 고민을 가진 사람이 의외로 많다. '사람이 무서워 외출을 못 하는' 증상까지는 아니더라도 '사람들 앞에서 얼굴이 쉽게 붉어지는' 것 때문에 고민하는 사람은 상당히 많다.

대인공포증의 정신병리를 밝히려 애쓰고 있는 교토京都대학 보건관리센터 정신과의사 가사하라笠原 조교수는 흥미로운 통계 결과를 발표하고 있다(『전국대학보건관리협회지』 4호). 통계에 따르면 42년도 K대학 신입생 2,481명을 상대로 입학 때 설문조사를 해보았더니 '얼굴이 쉽게 붉어진다'는 학생이 995명(40.1%), '타인의 시선이 신경 쓰인다'는 학생이 798명(32.2%)이었다. 물론 이 결과는 '지난 1년 동안에 한 번이라도' 그랬다면 '가벼운 마음으로' 표시하라고 했으며 학생들이 지난 1년간 힘든 입시 생활을 했다는 점도 고려해야겠지만, 아무리 그래도 너무 높은 수치라서 놀라웠다. 이 학생들이 모두 노이로제는 아니며 대부분은 '정상'적인 학교생활을 하고 있다. 그러나 학생들이 대인관계에서 자신의 의지에 반해 어떤 불안을 경험하고 있다는 건 부정할 수 없는 사실이다.

히스테리의 예를 제시한 융의 보고에는 환자가 사랑하는 아버지의 죽음을 듣고는 웃음 발작이 일어났다는 부분이 있다(『분석심리학에 관한 두 논문』). 의식적으로는 무척 슬픈 일이라고 생각하면서도 그녀는 '웃음 발작'을 멈출 수 없었다. 과도한 히스테리 증상은 남의 일 같더라도 이런 '웃음 발작'을 겪어본 사람은 꽤 있을지도 모른다. 어렸을 적에 엄숙한 자리에서 별것 아닌 일에 웃음이 터질 뻔한 것을 참느라 고생했던 기억이나 웃음이 터져서 꾸중을 들었던 기억은 없는지? 또는 의사의 진찰을 받을 때 청진기가 닿으면 전혀 간지럽지 않은데도 웃음이 터질 것 같았던 적은 없었는지? 나의 의지에 따른 제어를 무력화하고 웃은 건 과연 누굴까?

일상에서 우리가 흔히 겪을 수 있는 자신의 의지에 반하는 행위에는 말실수나 망각 등이 있다. 예전부터 잘 아는 사람인데 그 사람 앞에 가면 갑자기 이름을 잊어버리거나 중요한 부분에서 이상한 말실수를 하는 것이다.

융은 이런 예를 많이 들고 있다(『조발성 치매증의 심리』). 예를 들어 자신을 차버린 여성이 결혼한 남성과 업무상 교류가 있었는데, 그 남성에게 편지를 쓰려 하면 도저히 이름이 생각나지 않아 난감해하던 사람이 있었다. 프로이트도 이 점에 관해 많은 연구를 했고 『일상생활에서의 정신병리』라는 책까지 썼다.

내가 들은 것 중에 다음과 같은 이야기가 있다. 어떤 여성이 오랫만에 옛 스승을 만나기로 했는데 스승이 좀처럼 나타나지 않았다. 약속시간보다 상당히 늦게 "야, 오늘은 정말이지……" 하면서 스승이 나타난 순간, 그녀는 "정말 오랫만에 뵙습니다" 하고 인사를 하려 했는데 얼떨결에 "정말 오랫동안 기다렸네요!" 하고 말하고 말았다.

여기서 그 여성이 '말실수'를 한 이유는 명백하다. 그녀는 약속시간에 맞춰 왔는데도 오랫동안 기다려서 약간 화가 나 있었다. 그런 한편으로 옛 스승의 바쁜 생활을 알고 있으므로 이 정도는 당연하다고도 생각했다. 그때 스승이 나타나서 늦은 것에 대해서는 사과 한마디 하지 않고 "오늘은 정말……" 하고 말한 순간, 그녀의 의지에 반해서 "오랫동안 기다렸네요"라는 말이 나왔던 것이다. 그것은 스승이 말해주리라고 그녀가 기대했던 말이었다.

이 예는 상당히 시사적이다. 말하자면, 그녀의 마음속에 일종의 분리가 생겨서 한쪽은 기다린 것을 서운하게 여기고 다른 한쪽은 그것을 받아들이려 했던 것이다. 그래서 후자가 일단 주체성을 갖고 행동하려 할 때에 전자가 반역을 일으켜서 생각지도 못한 말이 튀어나오게 된 것이다. 이 예를 통해서 본다면, 앞에서 든 예는 모두 일종의 마음 '분리' 현상이 아닐까? 즉 한쪽은 의식되고 있지만 다른 한쪽은 의식되지 못하고 있는 것은 아닌지 예측해볼 수 있다.

'정상'인 사람이라도 주체성을 위협당하는 예를 제시해보았다. 우리가 일상생활에서 겪는 일들 중에도 이러한 경우가 많이 있지 않을까? '어쩐지 초조하다'는 건 뭘까? 또는 누군가가

'어쩐지 싫다(준 것 없이 밉다)'는 건 무엇을 의미하는 걸까? 이런 모든 현상을 해명할 때 콤플렉스라는 존재가 등장한다. 여기서 주체성을 위협하는 또 하나의 현상을 제시해보겠다.

그건 바로 꿈이다. 꿈은 우리의 마음 현상이지만 우리 뜻대로 꿈을 꾸지는 못한다(의지의 힘이 전혀 작용하지 않는다고 말할 수는 없지만). 필자에게 분석을 받았던 어떤 사람은 하도 무서운 꿈만 꿔서 잠들기 전에 어린 시절의 즐거운 추억을 떠올려 보았지만 꿈에는 아무 영향도 미치지 못했다.

성 아우구스티누스Aurelius Augustinus는 '아무리 인격을 연마해도 꿈에는 그의 의지를 배반하는 요소가 있고, 신도 인간의 꿈까지는 책임을 묻지 않으리라'고 생각했다는데, 이 점에 대해 융은 종종 언급하고 있다. 성 아우구스티누스조차도 원하는 꿈을 꾸지는 못했던 것이다.

꿈의 이런 성질은 지금까지 말한 심리 현상을 해명하는 데에 꿈이 유용하다는 것을 시사한다. 이에 대해서는 제5장에서 자세히 이야기하겠다.

위와 같은 현상을 실험적으로 명백하게 하는 방법으로 융은 단어연상법을 생각했다. 이제 그것을 알아보자.

2. 단어연상검사

단어연상검사란 하나의 단어를 자극어刺戟語로 사용하여 그로부터 연상되는 단어를 말하게 하는 검사로, 융 이전부터 있었으며 분트Wilhelm Wundt(독일의 심리학자, 철학자)나 골턴Francis Galton(영국의 유전학자. 심리학 연구도 했다)도 사용했다. 하지만 융의 탁월한 점은 그 자신도 말했듯이(에반스, 『융과의 대화』), 사람들이 무엇을 연상하느냐보다는 연상 시간이 너무 늦거나 연상을 못 하는 현상에 주목했다는 점이다. 하나의 단어에 대해 생각나는 단어를 아무거나 대답하면 되니까 간단할 것 같지만, 실제로 해보면 모두들 뜻밖의 단어에서 대답을 못 하거나 반응이 늦어지는 모습을 보였다. 융은 이런 현상에 대해 지적인 문제가 아니라 감정적인 요인이 배후에서 작용하고 있다고 생각하여 임상적으로 이용하려 했다. 1904년에 융은 이 방법에 관한 견해를 처음으로 학회에서 발표했다. 덕분에 이름이 학회에 알려지고 나중에 미국의 대학에서 강의 초청을 받는 계기가 되기도 했다.

융이 쓴 단어연상법이란 미리 정해진 100개의 자극어가 있고, 검사자가 피험자에게 "지금부터 단어를 하나씩 순서대로 말할 테니 그 단어를 듣고 생각나는 단어 하나를 되도록 빨리

• 표 1 융 연상검사의 자극어

1. 머리	21. 잉크	41. 돈	61. 집	81. 예의
2. 초록색	22. 분노	42. 어리석은	62. 귀엽다	82. 좁다
3. 물	23. 바늘	43. 노트	63. 유리	83. 형제
4. 노래하다	24. 헤엄치다	44. 경멸하다	64. 싸우다	84. 무서워하다
5. 죽음	25. 여행	45. 손가락	65. 모피	85. 학
6. 길다	26. 파랗다	46. 값비싼	66. 크다	86. 틀리다
7. 배	27. 등불	47. 새	67. 화살촉	87. 걱정
8. 지불하다	28. 범하다	48. 떨어지다	68. 칠하다	88. 키스
9. 창문	29. 빵	49. 책	69. 부분	89. 신부
10. 친절한	30. 부자	50. 부당한	70. 오래되다	90. 맑은
11. 책상	31. 나무	51. 개구리	71. 꽃	91. 문
12. 질문하다	32. 찌르다	52. 헤어지다	72. 때리다	92. 고르다
13. 마을	33. 동정	53. 공복	73. 상자	93. 마른풀
14. 차갑다	34. 노랗다	54. 하얗다	74. 사납다	94. 기쁘다
15. 줄기	35. 산	55. 어린이	75. 가족	95. 비웃다
16. 춤추다	36. 죽다	56. 주의하다	76. 씻다	96. 자다
17. 바다	37. 소금	57. 연필	77. 소	97. 달
18. 질병	38. 새롭다	58. 슬프다	78. 이상한	98. 예쁜
19. 자랑	39. 습관	59. 살구	79. 행운	99. 여자
20. 요리하다	40. 기도하다	60. 결혼하다	80. 거짓말	100. 모욕

말해보세요" 하고 말하고는, 스톱워치를 들고 자극어를 말하면서 상대가 반응한 단어와 걸린 시간을 써내려가는 방법이다.

이렇게 해서 100개의 연상이 끝나면 "다시 한 번 검사를 할 테니 아까와 같은 단어를 말해보세요" 하고 말하고 재검사한다. 처음에 말했던 반응을 기억하고 있으면 플러스(+), 잊어버렸다면 마이너스(−)를 적어 넣고, 첫 번째와 다른 단어를 말했을 때는 그 단어를 적어간다.

융이 썼던 연상검사 자극어는 초기와 후기가 약간 다른데, 표 1에 제시한 것은 현재 융 연구소에서 사용하고 있는 것이다.

이 표는 독일어를 번역한 것인데 품사를 바꾸는 등 약간 변경했다. 영어권에서도 문화적 차이를 고려해서 독일어의 자극어와는 약간 달리하여 사용하고 있다. 우리도 이 자극어들을 본격적으로 사용한다면 문화차를 고려해서 약간 바꿔야 할 것이다(자극어 85번 '학'은 독일어로는 '황새'다. 황새가 아기를 물어 온다는 유럽 문화권 특유의 이야기를 고려해서 쓰인 자극어이기 때문에, 임의로 '학'으로 바꾸었다)

반응이 어떠한지를 나타내기 위해 표 2에 한 가지 반응 예의 첫 부분을 제시했다. 이에 따르면 피험자는 1번 '머리'라는 자극어에 대해 4.2초 만에 '코'라고 반응하고, 재검사 때는 반응어를 잊어버린다. 2번 '녹색'에 대해서는 1초 만에 '목장'이라고 반응했고, 재검사 때에도 기억하고 있다. 그런 식으로 하나씩 살펴보면 된다. 3번 '물'에 대해서는 '호수'라고 반응하고 재검사 때에는 '보트'라고 말하고 있다. 5번 '죽음'에 대한 반응어는 무려 8.4초나 걸렸고 반응어 역시 자신의 의붓아버지를 닮은 사람 이름을 말하는 등 이상한 점이 확인된다.

• 표 2 단어연상 결과의 한 가지 예

표 2 단어연상 결과의 한 가지 예

	자극어	반응어	시간*	재생
1.	머리	코	21	−
2.	녹색	목장	5	+
3.	물	호수	13	보트
4.	노래하다	노래	16	−
5.	죽음	S. T.**	42	+

* 시간은 1/5초를 단위로 하고 있다.
** 피험자의 의붓아버지와 닮은 사람의 이름.

이처럼 100개의 자극어에 대해 연상단어를 말하는데 막상 검사를 받아보면 생각만큼 간단하지는 않다. 혼자서 표를 들여다보면 '머리' 하면 '다리', '녹색' 하면 '빨강', 이런 식으로 대답하면 될 것 같지만, 검사자가 스톱워치를 갖고 마주앉으면 스스로도 생각지 못했던 답을 하거나 말문이 막히게 된다(흥미가 있는 사람은 누군가에게 부탁해서 검사를 받아보라).

융은 연상검사를 하면 이처럼 단순한 연상과정에서도 여러 가지 이상한 반응이 일어난다는 것을 인식했다. 그 점에 대해 표 2의 예를 좀 더 자세히 살펴보자. 표 2의 예는 융과 함께 연상검사 연구를 하고 공동으로 논문도 발표했던 리클린의 아들이자 융 연구소의 전前 소장이었던 리클린이 발표한 사례다(『융의 연상테스트와 꿈 해석』).

피험자는 28살 남성이다. 표 2에 제시했듯이 5번 '죽음'에 대한 반응이 이상하고 반응 시간도 상당히 늦다. 이에 대해 피험자는 '죽음'이라는 말을 듣는 순간 '시체'가 보였고, 아무런 잘못도 없는 자기를 괴롭혔던 사람들이 죽어버렸으면 좋겠다는 생각을 한 적이 있다고 기술하고 있다. 예를 들어, 직장 상사가 툭하면 화를 버럭 내는 사람이어서 이유 없이 야단을 맞을 때면 그가 확 죽어버렸으면 좋겠다고 생각했다. 그리고 아버지는 자신을 불공평하게 대하는 면이 있지만 그 때문에 "아버지가 죽어버렸으면 좋겠다고 생각했던 적은 결코 없다"고 기술하고 있다.

리클린의 보고에 따르면, 이 피험자는 72번 '때리다'라는 자극어에 대해 반응시간을 11초나 끌고는 '막대'라고 반응했고 재검사 때는 '상처'라고 반응하고 있다. 이처럼 혼란을 나타냈던 점을 두고 피험자는 아버지가 자주 자신을 짧은 막대기로 때렸던 일, 아버지가 이유 없이 자신을 때린 뒤 갑자기 친절해져서 당혹스러웠던 일 등을 이야기했다.

리클린은 다른 반응에 대해서도 같은 영향이 있음을 제시하고 있다. 이로 미루어 판단해볼 때 피험자의 마음 밑바닥에 엄격한 아버지에 대한 강한 공격성이 존재할 때, 어떤 외적인 자극을 받으면 그에 반응하여 의식의 통제력이 흐트러진다는 것을 알 수 있다.

즉, 여기서는 '죽음', '때리다' 등의 자극어에 대해 아버지에 대한 기억이나 감정이 떠올랐기 때문에, 이에 대해 의식적으로 통제된 적절한 반응을 하지 못해서 반응시간이 늦어지거나, 다시 물었을 때 망각해버리는 등의 장애가 일어나는 것이다. 아버지나 엄격한 직장 상사, 의붓아버지, 그들을 닮은 사람 등이 하나의 덩어리가 되어, 그에 대한 미움이나 증오의 감정으로 물들어 있는 것이다. 그리고 "아버지가 죽었으면 좋겠다고 생각한 적은 결코 없다"라는 말에서 알 수 있듯이, 본인은 그 감정을 뚜렷하게 인식하고 있지는 않다.

융은 이처럼 무의식 속에서 어떤 감정에 의해 결합된 채 존재하는 심적 내용의 집합이 통상적인 의식 활동을 방해하는 현상을 관찰하고, 그와 같은 심적 내용의 집합을 '감정으로 물든 복합체gefühlsbetonter Komplex'라고 이름 붙였다. 이것을 나중에 줄여서 '콤플렉스'라고 부르게 되었다.

이 피험자의 경우는 아버지에 대한 공격 감정의 콤플렉스가 강하며 아버지가 죽기를 바랄 정도라는 것을 확인할 수 있다(물론, 앞서 보인 두 가지 반응뿐 아니라 다른 많은 반응을 통해서도 명백히 드러난다). 덧붙여서, 이 피험자는 시영市營 전철 운전사였는데 정류장이 가까워져 브레이크를 밟아야 할 때 엉겁결에 가속 페달을 밟는 바람에, 전차가 서리라 생각하고 그 앞을 가로질러 가려던 사람을 치어 죽여버렸다. 여기에 제시한 연상검사 결과나 면접을 통한 분석 결과, 죽은 사람이 피험자의 아버지를 닮았음이 드러났다는 점 등을 통해서도 그의 마음의 메커니즘이 명백히 밝혀졌던 사례다.

연상검사에서 콤플렉스의 존재를 나타내는 실마리로 융은 일단 콤플렉스 지표complex indicator라는 것을 정하고 있다. 그것은 다음과 같다.

(1)반응 시간이 늦다.

(2)반응어를 생각해내지 못한다.

(3)자극어를 그대로 반복해서 답한다.

(4)두 단어 이상을 사용해서 반응한다(예를 들면, '머리'에 대해 '머리가 나쁘면 손해 본다' 등으로 대답한다).

(5)명백한 자극어의 오해.

(6)재검사 때의 망각이나 실수.

(7)자극어를 외국어로 옮겨서 대답한다(예를 들면, '머리'에 대해 '헤드' 등으로 대답한다).

(8)자극어를 말하면 먼저 '예'라고 말한 뒤 반응하거나, 반응어를 말하기 전에 뭔가를 말하는 경우.

(9)명백하게 기묘한 반응.

(10)같은 반응어가 반복된다.

(11)관념의 고착(예를 들면 '머리'에 대해 '코'라고 반응하고, 다음 단어인 '녹색'에 대해서도 '눈'이라고 반응하는 등, 앞의 관념이 고착된 경우. 이런 것은 심각한 정신병이 아닌 이상 극히 희박하다).

위와 같은 콤플렉스 지표를 토대로 백 가지 연상을 분석하며, 특히 콤플렉스 지표의 경향을 많이 보이는 반응에 대해서는 리클린의 예처럼 피험자의 감상을 들어본다. 이렇게 하면 그 사람의 콤플렉스가 상당히 분명해진다. 처음에는 틈을 보이지 않으려고 애쓰던 사람도 절반을 넘어가면 피곤해서 혼란을 드러낸다. 그래서 분석을 할 때 전·후반으로 나누어 후반에 혼란이 급증하는 사람은 방어적인 태도가 강한 사람이 아닐까 생각하기도 한다.

또한 융의 연구에 따르면 일반 성인의 평균 반응시간은 1.8초이다.

이런 방법으로 융은 범죄자나 살인범을 찾아내기도 했으며, 나도 학생들에게 이 점을 증명하기 위해 재미있는 실험을 한 적이 있다. 어느 대학 심리학과 학생들에게 연상검사를 가르칠 때의 일이다. 학생 가운데 세 명을 밖으로 불러내 한 명에게는 교수 연구실에 숨어들어간 다음 책상서랍에서 열쇠를 꺼

내 사물함을 열고 교수의 코트 주머니에서 지갑을 꺼내 1천 엔 지폐를 한 장 훔쳐오라고 명령한다(물론 연극이므로 교수에게 미리 양해를 구했다). 다른 두 명은 교정 주위를 한 바퀴 돌고 오라는 등의 시시한 명령을 던져준다. 그리고 교실에 남아 있는 학생들에게는 세 사람 중 한 명이 이러이러한 도둑질(물론 연극이지만)을 했으므로 그것을 판정하기 위해 연상검사를 할 테니 누구인지 알아맞혀보라고 한다.

세 명의 학생을 한 명씩 교실로 불러서 내가 연상검사를 하는데 자극어에 '열쇠', '사물함', '1천 엔' 등을 끼워 넣는다. 그 결과 대부분의 학생이 누가 '범인'인지 알아맞혀서 연상검사의 위력을 실증했다. '범인'인 학생은 범행을 감추려고 오히려 이상한 반응을 보이거나 반응시간이 늦어져서 들통 났던 것이다.

그러나 나는 그 뒤 두 번 다시 이 실험을 하지 않게 되었다. 왜냐하면 학생들이 범인찾기에만 몰두한다 하더라도, 자극어 중에는 직접 '범죄'에 관련되어 있지 않은 것도 있으므로 생각지도 못한 곳에서 반응이 늦어지는, 즉 콤플렉스 지표에 제시된 장애가 일어나 눈썰미가 좋은 사람은 세 학생의 콤플렉스를 알아차린다는 것을 깨달았기 때문이다.

그렇다면 연극을 해준 세 학생에게 너무 미안하다는 생각이 들어, 꽤 흥미로운 실험이라고 생각하면서도 딱 한 번에 그치고 말았다.

단어연상법은 요즘은 임상 현장에서 별로 쓰이지 않지만 기본적인 아이디어는 많은 투영법 속에 살아 있다. 오늘날 투영법으로 많이 쓰이는 로샤법(잉크 얼룩과 같은 도형을 보여주고 그것이 무엇으로 보이는지를 묻는 것)이나 T.A.T(모호한 그림을 보여주고 그것에 관해서 이야기를 하게 만드는 것) 등도 기본적인 사고는 융의 연상법에 토대를 두고 있다.

콤플렉스의 존재에 관해 융이 했던 바와 같이 연상실험을 통해 입증해보려고 했지만, 설명에 동원했던 의식, 무의식, 주체성 등의 단어에 대해서는 좀 더 이론적인 검증이 필요할 것이다. 지금까지의 설명을 읽으면서 그 모호한 단어들이 거슬렸던 독자도 있을 것이다. 이제 그 점을 좀 더 이론적으로 설명해보겠다.

3. 자아

지금까지 이야기를 하면서 '의식'이나 '의식적'이라는 용어를 별다른 고찰 없이 써왔다. 무의식이나 콤플렉스도 이 '의식'을 전제로 해야 생각할 수 있다. 앞으로 콤플렉스에 관해 많은 이야기를 할 텐데, 먼저 의식의 문제를 살펴볼 필요가 있을 것 같다.

'의식'은 심리학이 꺼리는 용어다. 근대에 발달한 실험심리학은, '의식은 주관적이며 객관적인 것만이 과학적 연구의 대상이 될 수 있다'면서 이른바 '의식 없는 심리학'을 추구해왔다. 한편, 임상심리학에 하나의 주춧돌을 놓았다는 평가를 받는 정신분석학 역시 '무의식'을 너무 강조한 나머지 의식의 문제를 그냥 넘겨버리는 듯한 느낌이 있다.

이렇게 '의식'을 학문적 연구대상으로 삼지 않으려는 한 가지 이유는, 의식의 문제가 당사자의 보고 말고는 달리 알 수가 없다는 점에 있다. 또는 좀 더 극단적으로, 내가 나의 의식은 알 수 있다 해도 타인의 의식을 정말로 알 수는 없다고까지 말할 수 있다. 일본의 임상심리학자인 도가와 유키오戸川行男(1903~1992)가 쓴 『임상심리학 논고臨床心理学論考』는 의식문제에 정면으로 도전한 몇 안 되는 역작인데, 그 책에서 도가와는 의식문제의 출발점으로서 '나의 의식'을 생각하고 그것이 어떻게 타인의 의식과 연관이 있는지를 길게 논하고 있다. 여기서는 이 문제의 어려움을 지적만 하고 깊은 논의는 피하겠다. 의식에 관해서 도가와가 "내가 느끼고 있는 '이것'을 의식이라 이름 붙였다"고 쓴 것은 상당히 흥미롭다. 의식은 '이것'이라고 말하는 것 말고는 달리 표현할 길이 없는 성질을 갖고 있다는 것이다. 즉 누구라도 '직접적'으로 알 수 있는 것이긴 해도 객관적으로는 나타내기 어려운 것이다.

프랑스의 정신의학자 앙리 에Henri Ey는 자신의 명저 『의식』의 첫머리에 이렇게 썼다. "의식하고 있다는 것은 자기 경험의 특수성을 살리면서, 이 경험을 자기 지식의 보편성으로 옮기는 것이다." 이 말은 의식의 이면성二面性—그래서 연구 대상으로 삼기 힘들다—을 명확하게 지적하고 있다. 분명, 의식한다는 것은 뭔가를 경험하는 것이며 심지어 경험하고 있는 것에 대해 판단을 내리면서 자신의 체계 속에 편입시키려 하는 것이다.

그런데 과연 '경험을 하는' 주체는 뭘까? 또는 경험한 내용을 지식 속에 담아 체계화하려는 경우의 중심점은 뭘까? 이와 같은 경험의 주체이자 의식 내용 통합의 중심을 이루는 것을 '자아'라고 부르기로 하자.

예를 들어 내가 친구를 만나 책 한 권을 빌리는 간단한 행동 하나에도 거기에 작용하는 자아의 기능은 아주 복잡하다. 나는 먼저 그 친구를 '지각'해야 하고, 그 친구가 나와 어떤 관계인지 '기억을 토대로 판단'해야 한다. 그리고 책에 대해서도 같은 일을 진행한 다음, 빌린다는 '의사 결정'을 한다. 다음으로 친구가 책을 빌려준 것에 대해 고마움을 느끼는 등의 '감정'이 생기는 것을 확인하고, 고맙다고 말을 하는 행위 등을 통해 '감정 표현'을 한다. 이어서 일주일 뒤에 돌려주기로 약속한다면 그것을 자신의 '기억 속에 담아두어야' 하고, 일주일 동안 어떻게 읽을까 하는 '미래의 계획 설정'도 해야 한다. 이처럼 일일이 쓰기가 번거로울 정도의 일을, 우리의 자아는 극히 짧은 시간 안에 해낸다. 이 과정을 다른 동물의 행위와 비교해보면 인간의 자아 기능이 얼마나 발달해 있는지를 알 수 있다.

인간은 태어날 때부터 자아를 명확하게 갖고 있지는 않다. 청각이나 시각도 기능하고 있지 않다. 그러나 점점 시간이 지나면서 외계를 지각할 수 있게 되고 지각한 것을 기억 속에 차곡차곡 담아간다. 그러나 어느 누구도 생후 한 살 때쯤 보고 들었던 것을 기억하지는 못한다. 요컨대 지각이 있은 다음 기억이 일어나는 것이 아니라, 지각과 기억이 평행하게 발달해가는 것이다. 생후 한 살 때쯤 처음으로 본 개와, 그로부터 몇 년이 지나서 '개'라는 이름을 알고 나서 본 개는 아주 다르게 지각된다는 것이다.

아무튼, 이처럼 평행한 발달 속에서 우리는 개나 말이라는 개념을 만들어내고, 그것들을 적당한 분류에 따라 기억 속에 정립시켜간다. 이때 개나 말이라는 '언어'로써 대상들이 표현되는 것은 의미가 크다.

앞서 쓴 프랑스의 정신의학자 앙리 에는 "의식한다는 것은 그 경험을 스스로에게 이야기하는 것이다"라는 프랑스의 심리학자 피에르 자네Pierre Janet의 주장을 인용하면서 의식에 있어 언어의 중요성을 강조한다. 확실히, "이 책은 일주일 뒤에 돌려줄게"라고 말할 때 그것은 본인의 자아 안에 담겨 있다. 또는 타인에게 언어 표현을 하지 않더라도 내가 마음속으로 '말이 한 마리 있구나'라고 표현할 때 자아는 그것을 인지하고 있다. 이에 비해, 예를 들어 갓난아이가 처음으로 말이라는 동물을 보았을 때, 그 체험이 '!!'라고 표현하고 싶을 정도로 강렬한 것이었다 할지라도 아직은 그것을 어떤 식으로도 언어화할 수가 없다면, 그 체험은 자아가 인지한 것으로서 기억에 남을 수 없다.

감정도 마찬가지다. 우리는 어린 시절부터 다양한 감정을 경험한다. 유쾌함, 불쾌함, 희로애락 따위도 점차 언어화되어 자아의 체계에 담겨진다.

또한 자아는 지각한 사물을, 앞에서처럼 개념화할 뿐만 아니라 사물들의 관계짓기를 행하는 '사고思考' 기능을 갖고 있다. 그 사고를 되도록 합리적, 논리적으로 진행함으로써 자아의 체계가 더더욱 공고해져 가는 것이다.

융은 자아 기능의 하나로 '직관'을 들고 있는데, 아마 여기에 반대하는 사람도 있을 것이다. 아무튼 이유 없이 '바로 이거다!' 하고 알아차리는 직관기능에 대해서는 ―인정하고 싶지 않은 사람도 있겠지만― 일단은 융이 하는 말을 수긍해보자. '직관'이란 지각과는 전혀 다른 것으로 '이쪽으로 가야 해' 또는 '이렇게 하면 돈을 벌 거야' 하고, 그냥 문득 생각이 떠오르는 것이다.

이런 기능을 통해 얻어진 소재는 모두 자아에 비추어 하나의 통합을 이루고 있다. 자아가 어느 정도 통합성을 갖는 것은 중요하다. 즉, 태어나서부터 현재까지의 역사를 배경으로 하는, 하나의 인격으로서의 통합성을 가져야 하는 것이다.

그러나 이처럼 통합성이 있는 인격으로 존속해가기 위해 자아는 자신을 방어하는 기능도 가져야 한다. 예를 들어 언제나 아버지한테서 '거짓말을 하면 안 된다'는 가르침을 받고 그것을 충실히 지켜온 아이가 어떤 일로 선생님에게 꾸중 듣는 게 무서워서 엉겁결에 거짓말을 한다면 어떻게 될까? '거짓말을 하지 않는다'는 것은 앞으로 자아의 통합성을 지탱할 하나의 기둥이었는데 그에 반하는 일을 해버린 것이다. 이때 자아는 커다란 위험에 처한다. 그러나 아이가 그 일을 빨리 잊어버린다면 자아의 통합성은 위협당하지 않고 끝난다.

이렇게 생각하면 자아 존재의 복잡성이 뚜렷해진다. 지금까지는 자아의 경험을 체계 속에 담는 것만을 강조해왔는데, 이런 경우에는 자아가 존속과 안정을 꾀하기 위해서 그 경험(거짓말을 한 것)을 체계 바깥으로 밀어내려 하는 것이다. 그렇다면, 자아가 이 경험을 배제하지 않고 체계 안에 담으려고 한다면 어떻게 될까? 그럴 때 자아는 '거짓말을 하는 건 나쁜 일이다'라는, 체계를 지탱해온 기둥에 변경을 가해야만 한다.

이렇게 보면 자아는 존재를 그대로 유지하려는 경향과 스스로를 변혁하려는 경향이라는 두 가지 상반된 모습을 갖고 있다고 생각할 수 있다. 또는 자아는 언제나 미완의 상태이자 발전하는 경향을 향해 열려 있는 존재라고도 생각할 수 있다.

하나의 인격을 가진 존재로서 자아는 의지를 결정할 수 있다. 어디를 가려고 하면 갈 수 있고, 뭔가 먹어야겠다고 생각하면 먹을 수 있다. 그리고 '자살'이라는, 스스로의 존재를 부정하는 결정까지도 할 수 있음을 생각하면 이 의지 결정의 힘은 상당히 크다.

또한 자아는 운동기능과 연결되어 있다. 즉, 심적 내용뿐만 아니라 신체 운동까지도 지배하고 있는 것이다. 콤플렉스 역시 어느 정도 통합성을 가진 심적 내용의 집합체이지만 운동기능과 직접적으로 연결되어 있지는 않다. 예를 들어 내 마음속의 '도둑놈 콤플렉스'가 가끔 활동을 한다 해도 그것은 '아,

이걸 훔치면 돈이 될 텐데'하는 생각에 그칠 뿐이며, 자아를 위협한다고 해봤자 곧바로 훔치는 행위로 이어지지는 못한다.

물론 자아의 이런 특성은 태어났을 때부터 존재하는 것이 아니라 인간이 성장함에 따라 발달한다. 이 발달 과정도 아주 중요하지만 여기서는 생략하겠다.

이렇게 기능하는 자아의 특성 중에서, 언어로써 그 경험을 표현할 수 있다는 것, 따라서 체계화가 언어를 중요한 실마리로 삼고 있는 점, 또는 자유로운 의지 결정을 할 수 있다는 점을 여타 동물과는 다른 인간의 특장점으로 꼽을 수 있을 것이다.

자아는 자기 자신까지를 객체로서 의식할 수 있다. 말하자면 자아는 자아에 관해서 의식하는 '자아의식'을 갖는다. 이 자아의식의 특성에 대해서 야스퍼스Karl Jaspers가 『정신병리학 총론』에서 쓴 것을 간단히 살펴보자. 지금까지 해온 이야기들을 정리한다는 뜻도 있고, 앞으로 자아의식의 이상異常에 대해 고찰하기 위한 가벼운 몸풀기로도 유용하기 때문이다.

야스퍼스에 따르면, 자아가 자기 자신을 얼마나 의식하느냐하는 양식에는 능동성, 단일성, 동일성, 외계와 타인에 대한 자아의 의식이라는 네 가지 표식이 존재한다.

능동성이란 '내가' 한다, '내가' 느낀다 등과 같이 '나'를 주체로 한 의식이다. 예를 들어 길을 걷고 있다면 누군가가 걷게끔

하고 있거나 왠지 다른 누군가가 걷고 있는 듯한 것이 아니라, 바로 '내'가 걷고 있다고 느끼는 것이다.

단일성이란, 자신이라는 존재는 한 사람이지 두 사람이 아니라는 의식을 말한다.

동일성이란, 평생 자신은 동일인이라는 의식이다. 우리는, 1년 전의 나와 지금의 내가 동일인물이라고 의식한다. 시간이 지남에 따라 자신이 변화해온 것은 누구나 인정하지만, 그렇다고 동일인물이라는 사실을 부정하는 것은 아니다.

외계나 타인에 대한 대립이란, 자신을 타인이나 외계와 뚜렷하게 구별하는 것이다. 우리는 누군가가 못을 두드려 박는 것을 보고 자신이 두들겨 맞고 있다고 느끼지는 않는다.

이상과 같은 자아의 특성들은 모두 '어느 정도' 그럴 뿐, 절대적이지는 않다. 예를 들어 자아에 의한 의사결정도 언제나 자유롭다고 한정지을 수는 없다. 우리는 타인의 눈을 지나치게 의식한 나머지 사실은 하고 싶지 않은 일을 할 때도 있다. 또는 내 마음속에 서로 생각이 다른 두 사람이 살고 있는 건 아닌가 생각할 때조차 있다. 타인과 자신은 확연히 구별하지만 다른 사람이 오렌지나 석류를 먹는 모습을 보면 내 입 안에 침이 고이기도 하고, 다친 사람을 보고는 그 아픔이 고스란히 느껴질 때도 있다.

물론, 이런 일은 정상의 범위에서 일어나는 일이기에 자아 의식의 이상異常이라고 부르지는 않는다. 자아의식의 이상이라 불리는 것은, 예를 들면 자신 이외에 또 하나의 자신이 있다고 확신하거나 그러한 모습을 볼 때, 또는 야스퍼스가 제시한 예처럼 "지금 그야말로 나는 얇게 썬 오렌지 조각이다"라고 말하는 해시시(인도 대마잎으로 만든 마취제—역자 주) 중독자 같은 경우를 말한다. 우리는 그런 이상 체험까지는 하지 않더라도, 그것과 통하는 듯한 심성의 존재를 우리 안에서 느낀다.

　그리고 앞에서도 말했듯이 정상적인 사람도 자아의 주체성을 상당히 위협당하기도 한다. 자아라는 것이 완성되어 있는 존재가 아니라 계속해서 발전해가는 존재이기 때문에 이런 자아의 불안정성이 비롯된다고도 나는 생각한다. 발전을 추구하는 것은 어딘가가 열려 있어야 한다. 완결되어 있는 것에는 발전이 없다. 그러나 열려 있는 것은 동시에 위험에도 노출되어 있다. 그래서 자아와 콤플렉스의 관계가 중요한 것이다.

　다음에는 자아와 관련해서 콤플렉스가 어떤 구조를 갖는지를 명확하게 밝혀보겠다.

4. 콤플렉스의 구조

어느 중년 여성이 직장생활이 너무나도 재미없고 심지어 몸 컨디션까지 나빠졌다며 상담을 하러 왔다. 이런저런 이야기를 나누어보니 그녀는 최근에 같은 직장으로 옮겨온 동료에 대해 강한 혐오감을 품고 있다는 점이 드러났다.

일하는 방식 등에서 무척 화가 날 때는 호통을 쳐주고 싶을 정도인데, 화를 억누르고 그냥 주의를 주려고 해도 '말이 나오지 않는다'고 한다. 목에 뭔가 걸린 것처럼 아무 말도 못해서 초조해 죽을 지경이다, 그러다 보니 그 사람 얼굴도 보기 싫어져서 매일 아침 직장에 출근하기가 괴롭다, 그러자 머리가 무겁고 아프고 몸도 나른해져서 그냥 결근해버릴까 하는 생각이 들 정도라는 것이었다.

동료의 어디가 싫은지를 말하는 동안에 동료가 요리를 잘하며 음식을 만들어서 친구들을 초대하기를 좋아한다는 이야기에 이르자, 이 여성은 요리하는 것은 바보스러운 일이라면서 공격하기 시작했다. 요리처럼 번거로운 일은 남녀가 평등하게 해야만 한다. 맛있는 요리를 먹는 게 즐겁다는 건 인정하지만 그것은 어디까지나 '전문가'가 만든 요리에 한정되어야 하며,

맛있는 요리를 먹고 싶으면 음식점에 가야 한다. '아마추어' 주제에 요리를 잘한다는 건 말도 안 된다. 남성에게 대항할 능력이 요리밖에 없으니 요리를 하는 것이다. 생각해보면 일류 요리사는 모두 남성이다. 결국 여자가 아무리 열심히 해봤자 남성과는 대등하게 겨룰 수 없다는 사실을 모르는 것이다 등등.

이런 말을 할 때 이 여성은 그야말로 정열의 화신이었다. 도저히 '몸이 나른하고 머리가 무거워서' 결근하려는 사람 같지가 않았다. 그리고 처음엔 남녀 평등주의자인 줄 알았는데 마지막에는 갑자기 여성 무능력론자 같은 의견을 내는 것도 흥미로웠다. 사실 이 여성은 정확한 논리적 사고가 몸에 밴 사람이었다. 그러나 요리에 관해서는, 그녀의 논리적 사고가 무너져 버리는 듯했다.

이럴 때, 우리는 그녀가 '마치 다른 사람처럼' 기세 좋게 횡설수설했다고 한다. 말하자면 그녀의 자아가 콤플렉스에 의해 움직이고 있었던 것이다. 일단 이것을 '요리 콤플렉스'라고 부르자. 요리에 관한 많은 것이 그녀의 마음속에서 하나의 덩어리를 이루고 있으며, 그것이 강한 혐오와 갈망의 감정으로 물들어 있기 때문이다.

콤플렉스의 구조는 정당 내부의 파벌과 아주 비슷하다. 파벌은 어느 정도는 당의 움직임을 따라가며 때로는 하나의 집단으로서 당의 움직임에 대항하기도 한다. 이렇게 생각하면 자아 역시 하나의 파벌이자 주류파로서 정권을 잡고 있는, 요컨대 운동 기능의 통제력을 갖고 있는 것이라고 생각할 수 있다. 그런 의미에서 자아도 콤플렉스의 일종이라고 볼 수 있다. 다만 이것은 다른 콤플렉스와 달리 안정도가 높고 운동 기능과 연결되어 있다. 말하자면, 자아는 주류파이자 정권을 잡고 있는 파벌인 것이다.

그런데 보통 때는 주류파의 통제에 따르는 파벌도 사안에 따라서는 좀처럼 주류파의 생각대로 움직여주지 않듯이, 콤플렉스도 문제에 따라 감정을 드러낸다. 예를 들어 앞의 여성과 같이, 요리 문제가 얽히면 강한 혐오감이 작용해서 자아의 통제력이 확 흐트러져버리는 것이다. 융은 이런 현상을 바그너 악극의 라이트모티프Leitmotif에 비유해서 쓰고 있는데(『조발성 치매증의 심리』) 상당히 적절한 비유다.

극이 진행되어가다가 구성상 중요한 감정이 출현하는 동안에 라이트모티프가 연주된다. 마찬가지로, 일상생활 속에서도 자신의 콤플렉스와 관련된 사상事象을 만나면 그것에 얽힌 감정이 솟구쳐 오르는 것이다.

그렇다면 치료자는 이 여성을 어떻게 대해야 할까? "당신은 요리 콤플렉스가 있습니다"라고 선언한다면 그녀는 모든 악기를 총동원하여 라이트모티프를 포르티시모로 연주하기 시작하면서 치료자의 귀를 멍멍하게 만들어버릴지도 모른다.

그런데 치료자는 그녀와 면담을 계속하면서 이야기에 귀를 기울이기로 했다. 그러자 어머니가 일찍 돌아가시고 의붓어머니 손에 자랐으며, 의붓어머니의 아이인 의붓여동생이 있음을 알게 되었다. 그녀는 사사건건 의붓어머니에게 반항했고 의붓여동생과도 친하게 지내지 못했다. 의붓어머니가 여자는 여자답게 자라서 빨리 시집가는 것이 최고라고 입버릇처럼 말하는 것에 반발하면서도, 여자답게 자라는 의붓여동생을 부러워하기도 했다. 그래서 가끔은 여동생과 갑자기 친밀해지거나 여동생 같은 여성이 되고 싶다고 생각했던 적도 있다. 그러나 어머니에 대한 반발은 여동생을 향한 감정에도 강한 영향을 미쳐서 여동생과 같은 삶을 부정하고 "여자도 홀로 설 수 있음을 보여주기 위해" 고등학교 졸업과 동시에 집을 나왔다. 그녀가 분명하게 말하지는 않았지만, 현재 결혼해서 아이도 낳고 행복하게 살고 있는 여동생이 요리도 잘했을 것임을 상상하기는 어렵지 않다.

일단 '요리 콤플렉스'라고 이름 붙인 그 현상 아래에는 여전히 뿌리가 있었다. 자신과는 삶의 방식이 다른 여동생에 대한 갈등, 일반적으로 말하는 '카인 콤플렉스Cain Complex'의 존재가 명백해진 것이다.

구약성서 창세기 제4장에 카인의 이야기가 있다. 카인은 형, 아벨은 동생이었다. 땅을 경작하는 사람인 카인은 땅의 산물을 신에게 바쳤다. 아벨은 양치기가 되었고 살찐 양을 바쳤다. 신은 아벨과 그의 공물은 좋아했지만 카인과 그의 공물은 좋아하지 않았다.

분노한 카인은 아벨을 살해하고 신에게 추방당하여 에덴의 동쪽에 살게 되었다.

이 이야기를 토대로 해서 형제 간의 강한 적대감정—더 나아가 동료를 향한 적대감으로도 발전한다—을 카인 콤플렉스라고 이름 붙인다. 뒤에서 좀 더 자세히 이야기하겠지만 이 콤플렉스는 인류의 마음속 깊숙한 곳에 자리 잡고 있는 감정이며 결코 단순하지 않다. 창세기 제4장의 짧은 이야기는 많은 이들의 마음을 울려 '에덴의 동쪽'에 사는 것, 또는 '카인의 후예'로서의 자각은 깊은 반성을 불러일으켰고 위대한 문학작품의 토대가 되기도 했다.

그런데 여기서 말한 여성이 '요리 콤플렉스' 아래에 '카인 콤플렉스'가 있음이 드러났듯이 콤플렉스는 다층 구조를 이루고 있다. 파벌 밑에 다시 작은 파벌이나 그룹이 있는 것과 마찬가지다. 말하자면 작거나 약한 콤플렉스가 있다면 크거나 강한 콤플렉스도 있는 것이다.

콤플렉스의 중핵中核에 하나의 외상外傷 체험이 존재하기도 한다. 그에 대해 융이 보고한 예를 제시해보겠다(『잠재기억』). 융이 어느 젊은 여성 히스테리 환자와 산책을 하는데 그녀가 웃옷을 떨어뜨렸다. 융이 그것을 주워들어 손으로 먼지를 털어주려 하자 여성은 웃옷을 잡아채며 지키려 했다. 그 난폭한 행위에 대해 왜 그러느냐고 묻자 여성은 곤혹스러워 하며, 그런 식으로 웃옷의 먼지를 터는 것을 보는 것이 왠지 아주 불쾌하다고 말했다. 그런데 사실 이 여성의 히스테리 원인은 아버지로부터 심하게 얻어맞은 데에 있었다.

아버지에게 맞아서 억울한 생각이 들지만 반항은 할 수 없었던 경험이 하나의 중핵이 되어 콤플렉스를 완성해간다. 그래서 융(아버지상을 생각나게 하는 존재)이 그녀의 웃옷을 '때리는' 것을 보자 콤플렉스가 작동해서 도저히 참을 수가 없었던 것이다. 이와 같은 경우에는 그런 콤플렉스의 중핵이 되는 외상 체험을 찾아냄으로써 치료한다.

분명히 이런 외상 체험을 중핵으로 하는 콤플렉스가 존재하기도 한다. 그러나 이 콤플렉스도 더욱 깊숙한 뿌리와 이어져 있는 건 아닐까? 그 중핵은 아버지에게 얻어맞은 증오뿐일까? 좀 더 분석해가면 아버지에 대한 그녀의 감정이 훨씬 복잡하다는 것이 명백해질지도 모른다. 사실 융과 프로이트도 연구 초기에는 콤플렉스의 중핵에 어떤 외상 체험이 존재하고 그것을 의식화함으로써 치료에 성공한다고 생각했지만(실제로 그런 사례도 있었다), 치료를 계속함에 따라 콤플렉스의 구조가 그리 단순하지 않고 복잡한 다층 구조를 갖고 있음을 알아차렸다.

오늘날에도 '정신분석 애호가'인 많은 사람들이 외상이론에 근거한 단순한 콤플렉스설을 믿고 노이로제란 '마음의 응어리'를 없애주면 낫는다고 여기는 것이 나는 유감이다. 이 사람들은 '정신분석'이라는 것이 마치 진흙 속에 묻힌 유리구슬이라도 집어내듯이 행해지는 것이라고 생각하고 있는 듯하다. 하

• **그림 1 자아와 콤플렉스**

지만 사실은 그렇게 단순하지 않으며, 하나의 콤플렉스 조직은 다른 콤플렉스 조직과 얽혀 있고 자아 조직과도 복잡하게 뒤얽혀 있다. 그런 관계를 그림 1로 나타냈다. 이 그림을 보면 약간 감이 잡힐 것이다.

이 '요리 콤플렉스' 여성이 '카인 콤플렉스'를 강하게 갖고 있음을 알았는데, 계속 이야기를 나누어보니 훨씬 다른 사실이 명백해졌다. 간단히 말하면 여동생에 대한 적대감 밑바닥에는 그녀와 아버지의 강한 결합이 있었고, 아버지가 의붓어머니와 여동생에게 애정을 보이는 것이 견딜 수 없을 만큼 싫었다는 것이다. 그리고 결국은 아버지를 빼앗아간 존재로서 처음부터 의붓어머니를 미워하는 마음을 갖고 있었고, 그런 마음이 여동생을 향한 적대심으로 발전해간 것이다.

가족 간의 이런 애정 갈등에 주목한 프로이트는 오이디푸스 콤플렉스Oedipus complex를 가장 근원적인 것으로 채택했다. 이에 대해서는 나중에 자세히 살펴보겠지만, 남성이 어머니에게 강한 애착을 느끼고 경쟁자로서 아버지에게 적대심을 느끼는 것을 프로이트는 '오이디푸스 콤플렉스'라고 이름 붙였다. 여성의 경우 아버지에 대한 애착과 어머니에 대한 적대감이 존재하며 이것은 '엘렉트라 콤플렉스Electra complex'라고 부른다. 둘 다 그리스 비극의 주인공 이름에서 따온 것이다.

앞에서 말한 여성의 경우는 의붓어머니가 문제인 것 같지만 사실 엘렉트라 콤플렉스는 모든 여성에게 존재하며, 그 대상이 의붓어머니냐 친어머니냐는 본질적으로 중요하지 않다.

콤플렉스는 다층 구조를 이루고 있다고 했는데, 가장 근원적인 것으로서 프로이트는 오이디푸스 콤플렉스(엘렉트라 콤플렉스도 포함해서 포괄적으로 일컫는 경우가 많다)를 채택했다. 이런 의미에서 프로이트가 생각한 콤플렉스는 성적인 빛깔을 띠게 된다. 요컨대 자아가 받아들이기 힘든 성욕이 콤플렉스의 구조를 물들이게 되는 것이다.

프로이트의 이런 생각에 대해 아들러Alfred Adler나 융은 다른 논리를 주장하는데, 그것은 뒤에서 자세히 다루어보자. 물론 오이디푸스 콤플렉스에 관해서도 좀 더 깊이 고찰해야 하지만 여기서는 일단 명칭과 중요성에 관해서만 이야기하겠다.

지금까지 콤플렉스란 무엇이며 자아와 어떻게 연관되어 있는지를 설명했다. 이제 콤플렉스의 존재를 아주 극적으로 보여주는 현상을 살펴보자.

제2장 또 하나의 나

꼭 해야 할 일을 미루고 있을 경우 우리는 "해야지, 해야지, 하고 생각은 하는데 말이야……"라고 변명할 때가 있다. 여기서 "일을 해야지"라고 생각하고 있는 것이 '나'라면, 실제로 일을 하고 있지 않았던 것도 '나'다. 또한 반드시 해야 할 일을 하려고 할 때 "꼭 해야만 하나?(안 해도 되잖아)" 하는 '내면의 목소리'를 들을 때가 있다. 이처럼 우리는 '나'가 분리되어 있다는 느낌을 받는다. 그러나 완전히 분리되어버린 것은 아니다. 우리는 그런 갈등을 끊임없이 처리하면서 한 사람의 인격으로 살아간다.

여기서 갈등을 일으키고 자아의 주체성을 위협하는 것이 바로 콤플렉스인데, 이것이 하나의 인격으로 나타나 자아의 자리를 빼앗아버리는 등의 극적인 일이 일어난다. 그것이 이중인격 현상이다. 앞에서 자아가 정권을 잡은 주류파라고 비유했는데, 이 경우는 하나의 파벌인 콤플렉스가 자아를 몰아내고 정권을 차지해버린 것이다.

이중인격 현상만큼 콤플렉스의 위협을 생생하게 나타내는 것은 없다. '또 하나의 나'가 자아를 밀치고 현실세계에 등장한 것이다. 예를 들어가며 이야기해보겠다.

1. 이중인격

이중인격이란 한 개인에게 서로 다른 두 개의 인격이 번갈아 나타나는 현상이며 두 인격 사이에는 자아의식의 연속성이 없다. 이 두 인격 사이의 자아의식의 연속은 두 인격이 모두 전혀 없을 경우도 있고, 한쪽 인격이 행동하고 있을 때만 다른 인격과 연속성이 있는 경우도 있다. 즉, 인격이 바뀌었을 때 그 경험을 다른 쪽 인격이 '알고 있는' 경우가 있다는 말이다.

이중인격, 하면 누구나 로버트 루이스 스티븐슨Robert Louis Stevenson의 유명한 소설 『지킬 박사와 하이드』를 머릿속에 떠올릴 것이다. 주인공 지킬 박사는 비밀의 약의 힘을 빌려 자신을 악의 화신 하이드로 바꾼다. 하이드가 저지르는 악행을 은밀히 즐기다가 신변에 위험이 닥치면 약의 힘을 빌려 다시 지킬 박사로 돌아온다. 이런 생활을 하는 동안에 점차 하이드의 힘이 강해져서 지킬 박사가 잠든 사이에 저절로 하이드가 되어버린다. 결국 이야기는 지킬(즉, 하이드)의 자살로 끝을 맺는다.

이 비현실적인 이야기가 발행과 동시에 대성공을 거둔 것은 —1886년 1월에 발행되어 6개월 만에 6만 부가 팔렸다고 한다— 이것이 인간의 '마음의 현실'을 정교하게 그려냈기 때문일 것이다. 앞에서도 여러 번 말했듯이, 누구나 마음속에서 '분리'를 느끼고 그 한쪽을 거의 하나의 인격(하이드처럼)으로 대등하게 느끼는 경우도 있다.

여기서 잠깐, 학술적인 주석을 붙여보겠다. 이야기에 따르면, 지킬과 하이드 사이에는 자아의식의 연속이 존재하는 듯하며 그런 점에서 엄밀히 말하면 이중인격이 아니다. 다만 지킬은 하이드의 행위를 몰래 더불어 즐기고 있던 데에 반해 하이드는 "지킬을 전혀 개의치 않았고, 혹시 그를 기억한다 해도 그것은 산적이 쫓길 때에 대비해 몸을 숨길 동굴을 기억하고 있는 것과 비슷했다"고 쓰고 있으므로 하이드에서 지킬로 이어지는 연속성은 희박했을 것이다. 하지만 뒤에 나오는 이중인격 사례에서는 지킬과 하이드가 서로의 존재를 모르거나 어느 한쪽만이 다른 한쪽을 알고 있다. 의식의 연속성이라는 점이 약간 모호하므로 지킬과 하이드 이야기는 잘 생각해보면 약간 무리하게 느껴지는 부분이 있기는 하다.

지킬과 하이드 이야기는 허구다. 그렇다면 실제 사례에는 어떤 것이 있을까? 이중인격 현상은 아마도 *고대부터 존재했으며 마술적, 종교적인 현상으로 취급되어왔을 것이다. 이것이 순수하게 '심리학적인' 문제로 명확하게 기술, 연구되기 시작한 것은 19세기 후반 이후로 여겨진다. 보고된 예는 꽤 많은

데, 윌리엄 제임스William James나 모튼 프린스Morton Prince 등 미국 학자들의 보고가 유명하다. 장 샤르코Jean Martin Charcot나 피에르 자네 등의 프랑스 학자도 그런 예를 보고하고 있다.

윌리엄 제임스가 발표한 예는 안셀 본이라는 목사가 갑자기 집을 나가 소식이 끊겼는데, 사실은 완전히 인격이 바뀌어 브라운이라는 이름으로 가게 주인이 되어 있었다는 놀랄 만한 이야기다. 두 달쯤 뒤에 브라운은 다시 갑자기 원래의 본으로 돌아와서 자신이 장사를 하고 있다는 사실에 크게 놀랐으며 결국은 목사로 돌아왔다고 한다.

피에르 자네도 『인격의 심리적 발달』에서 아주 비슷한 예를 제시하지만, 이처럼 이중인격의 두 인격이 서로 기억의 연속이 전혀 없는 일은 드물다고 쓰고 있다. 다른 이중인격에서는 하나의 인격이 다른 인격의 존재를 알고 있거나 어느 한쪽에게 기억의 연속이 있는 경우가 있는데, 이런 예를 모으면 백 가지는 넘을 것이라고 자네는 쓰고 있다.

한쪽에게 기억의 연속이 있는 예 가운데 모튼 프린스가 발표한 비첨 양의 사례나 시그펜Corbett H. Thigpen과 클렉클리Hervey Cleckley가 1954년에 상세하게 발표한 이브 화이트와 이브 블랙의 사례 등은 콤플렉스 문제를 명백하게 보여준다. 이들은 말하자면 하나의 인물에 셋 이상의 인격이 나타난 다중인격의 예인데, 최초의 인격에 대립해서 출현한 인격, 말하자면 비첨에 대한 샐리, 이브 화이트에 대한 이브 블랙은 제1인격의 콤플렉스가 인격화된 것으로서 두드러진 유사성을 보인다.

이 예들은 너무나 유명하므로 여기서는 간단하게 이야기하겠다. 스물 세 살의 여대생 비첨은 도덕적이고 양심적이며 종교적인, 요컨대 '성녀'라 불릴 만한 인격인데, 다만 성녀치고는 약간 어두운 느낌이 드는 인물이었다. 그런데 스스로 샐리라고 칭하는 제2인격은 완전히 반대로, 장난꾸러기에 명랑하고 유치하고 향락적이다. 그녀는 비첨과 바뀌어 나타나자마자 비첨은 꿈도 못 꿀 향락을 즐겼다. 비첨은 샐리의 존재를 모르고 샐리가 행동하는 동안에는 완전한 건망 상태가 되지만 샐리는 비첨을 알고 있으며 그녀의 건실함을 경멸한다. 심지어 제3인격까지 존재하는데, 그것은 샐리가 '백치'라고 이름 붙인 인격이다. 제3인격은 상스럽고 싸움을 좋아하며 허세꾼에다 유치하다. 그리고 비첨은 프랑스어가 능숙한데 제3인격은 프랑스어를 전혀 모른다.

이브 화이트와 이브 블랙의 사례에서도 양자의 성격 대비는 두드러진다. 이브 화이트는 수수하고 아주 신중하며 목소리도 온화하고 어두운 편인데 비해, 제2인격인 이브 블랙은 화려한 것을 좋아하고 천박하고 명랑했다. 여기서도 이브 화이트는 이브 블랙을 알지 못하지만 이브 블랙은 이브 화이트를 알고 있으며 여러 가지 장난을 치는 등의 관계는 비첨과 샐리의 관계와 똑같아서, 이 사례의 보고자는 "샐리는 마치 이브 블랙의 쌍둥이 같다"라고까지 썼다.

비첨이나 이브 화이트의 자아가 너무나도 이상적으로 '성자'처럼 완성되어갔을 때, 그 콤플렉스가 결국 자율성을 획득해 제2인격이 되어 출현한 것이라 생각할 수 있다.

일본에서 발표되었던 이중인격 사례를 하나 들어보자. 1917년에 신경정신과 의사인 나카무라 고쿄中村古峡가 발표한 '이중인격 소년'이라는 흥미로운 사례다. 표현이 약간 연극조인 데다 내용이 황당해서 신뢰성에 문제가 있어 보이지만, 보고자가 학문에 종사하는 사람이고 학회에서 발표도 했으며, 오늘날에는 연극적이라 여겨지는 표현도 당시에는 보편적이었을지 모르므로, 이 보고는 꽤 신뢰할 수 있다고 보아도 좋을 것이다. 또한 지금까지의 나의 임상경험으로 미루어 봐도 충분히 있을 수 있는 일이다.

나카무라 고쿄가 임의로 야마다라고 이름 붙인 중학교 2학년 소년이 도벽을 고치기 위해 끌려왔다. 곧바로 최면을 걸어 범행을 자백시키고는 자신의 특기인 치료를 행했다. 최면상태에서 암시법을 통한 착각과 환각을 이용하여 불량소년이 마지막에 감옥으로 떨어지는 참혹한 광경을 야마다에게 자세히 보여주고 도둑질 같은 나쁜 마음을 먹지 않도록 암시를 준 것이다.

이 치료는 성공한 것 같았지만 '인류 역사상 가장 오냐오냐 해주는 부모의 결정판' 같아서 나카무라 고교를 화나게 했던, 아이의 어리광을 다 받아주는 어머니 탓에(아버지는 몇 년 전에 사망했다) 소년이 다시 범행을 저지른다.

야마다 소년을 만나서 범행 후 훔친 돈으로 영화를 보러 갔던 것 등을 물어보자 소년은 전혀 기억하지 못했다. 그리고 나쁜 짓을 하지 않으려 해도 '나의 나쁜 마음'이 부추겨서 하게 한다고 말하는 것이었다. 그래서 야마다에게 최면을 걸어 '나쁜 마음'을 불러내자 야마다의 태도가 스르르 변해서 거만해지고 말도 술술 잘했다. 이 '나쁜 마음'은 야마다를 잘 알고 있으며, 야마다를 꼬드겨서 얼마나 많은 범행을 저지르게 했는지를 말했다. '나쁜 마음'은 물론 영화를 본 것도 잘 기억하고 있었다(여기서도 야마다에게는 건망이 존재하는 데에 비해 제2인격인 '나쁜 마음'은 기억의 연속성을 갖고 있다).

나카무라 고교는 과감하게 '나쁜 마음'에게 야마다와 헤어져 달라고 부탁하지만 거절당한다. 나카무라 선생은 "폭력을 써서 쫓아내겠다"고 하고는, 암시법을 써서 '나쁜 마음'을 즉시 옆의 벽에 묶어놓고 혼쭐을 내주었다. 그러자 '나쁜 마음'도 결국 항복하고는 '헤어지겠다'고 한다. 이때 나카무라 선생의 대단한 기세는 모턴 프린스나 시그펜의 치료법과 비교하면 상당히 흥미롭다.

그런데 치료를 받은 뒤에도 야마다는 다시 도둑질을 하고, 선생은 또다시 앞에서와 같은 방법으로 나쁜 마음을 쫓아내는 치료를 한다. 이젠 좀 좋아졌나 싶으면 다시 악행이 되풀이된다.

그러자 나카무라 고교는 제2인격을 쫓아내려고 강제적인 수단을 심하게 쓴 것이 아닌가 반성한다. 그래서 이번에는 '끈질긴 설득'을 해보려 한다. 야마다의 제2인격을 설득하고 애원한 결과, 야마다를 대신할 만한 적당한 다른 인물을 찾아주면 야마다와는 헤어지겠다는 대답을 얻어낸다. 그러자 선생은 "그럼 나한테 와라"하고 자기 자신을 추천하지만 '나쁜 마음'이 그건 싫다고 해서 무산된다. 지루한 공방전 끝에 결국 위자료를 주고 '백 년간' 헤어지기로 합의한다.

위자료 3만 엔(1917년 무렵이므로 아주 큰돈이다)을 요구했는데, 그것은 물론 환각을 이용해서 공돈을 건네주면 되므로 간단히 해결했다. 겨우 안심하고 있는데, 갑자기 제3의 인격인 '나쁜 마음의 형'이 나타나 야마다 소년을 범행으로 유혹하고 만다. 결국 형과도 이야기를 통해 위자료를 이전의 10배나 지불하고 헤어지기로 했다. 그는 헤어지면서 자신들은 형제가 몇만 명이나 있는지 모를 정도니 우두머리를 만나서 그 형제들이 야마다에게 들러붙지 않도록 부탁하는 게 좋을 거라고 충고했다.

서둘러 우두머리를 불러내자 야마다는 잠시 표정을 새로 만들어내느라 고심하는 것 같더니 마침내 입을 반쯤 벌리고 입꼬리를 좌우로 쫘악 뒤로 잡아당기고는 두 눈을 부릅떴는데, 그 모습이 정말로 무시무시했다. 긴 협상 끝에 우두머리는 협객으로 분장한 배우가 읊는 듯한 연극조 말투로 야마다 주변 약 300미터 안에는 졸개들을 접근시키지 않도록 하기로 한다.

이 사례의 기나긴 치료는 이렇게 끝난다. 이 예를 길게 소개한 이유는 우리에게 많은 것을 생각하게 하기 때문이다.

맨 먼저 드는 의문은, 이런 극적인 이중인격이 만들어진 원인으로 나카무라 고쿄의 치료법을 들 수 있지 않을까 하는 점이다. 분명히 야마다 소년의 마음속에는 약간의 '분리' 경향이 존재했을 것이다. 그러나 처음에 최면법을 통해 그야말로 난폭한 방법으로 도둑질을 금지당했을 때, 야마다 소년의 자아는 일면적인 선인이 되고, 강제로 쫓겨난 '나쁜 마음'이 제2인격으로 발달해갈 수밖에 없었던 것은 아니었을까?

이렇게 생각해보면 내가 아는 한, 거의 모든 이중인격 사례에서 치료자가 최면요법을 쓰고 있다. 모튼 프린스도 그렇다. 이브 화이트의 경우도, 처음에 환자가 두통을 호소해서 찾아오고 잠시 치료하고 나서는 최면요법을 쓰고 있다.

최면을 통해 환자를 갑자기 '좋아지게' 하려고 하는 것은 자연을 무시하고 환자의 자아의 일면화를 꾀하는 것이 되며, 따라서 제2인격이 만들어지는 데에 치료자가 오히려 협력한 꼴이 되는 건 아닐까? (최근의 최면치료는 이런 점들을 신중하게 배려하고 있다. 그러나 나는 아마추어의 최면요법은 이런 점에서 아주 위험하다고 생각한다)

그런데 이상과 같은 반성은, 뒤에 이야기할 '콤플렉스의 해소' 문제와 관련해서 시사하는 바가 크다. 야마다 소년의 예에서 생각해볼 수 있는 다른 점과 함께 제3장에서 이것을 자세히 이야기해보겠다.

요즘은 거의 찾아볼 수 없는 이중인격의 예를 다양하게 든 것은 콤플렉스라는 존재의 무서운 면을 확대해서 보여주기 위해서이다. 이중인격 현상과 닮았으되, 또한 다른 측면을 가진 이중신=重身 현상에 관해 다음 단락에서 살펴보자.

2. 이중신(도플갱어)

이중신=重身 현상이란 이중인격과 달리 자신을 중복존재로서 체험한다. 즉, '또 하나의 자신'이 보이거나 느껴지는 것이다. 이것은 정신의학적으로는 '이중신' 또는 '분신 체험' 등으로 불리며, 자기 자신이 보인다는 데에서 '자기시自己視', '자기상 환시自己像 幻視' 등으로도 불린다. 이 현상은 경우에 따라 다르며, 단순히 자신의 모습이 잠깐 보였다는 체험이나 또 하나의 자신이 자신의 생각을 방해한다고 느껴지는 체험, 심지어는 자신의 분신이 먼 곳에서 완전히 독자적인 행동을 하고 있다는 것 등, 과연 같은 증상으로 보아도 좋을지 망설여지는 것들까지 다양하다.

오늘날에는 이중인격 사례가 거의 없는 데에 비해 이중신 사례는 여전히 존재한다. 그리고 이중인격 현상은 콤플렉스라는 개념으로 설명할 수 있는 것과 달리, 분신 현상은 간단한 심리적 설명만으로는 완전히 수긍할 수 없는 것도 많다. 그러나 콤플렉스와 관련된 현상도 있고 흥미롭기도 하므로 주제에서 약간 벗어날 수 있겠지만 설명을 해보겠다.

분신 현상은 많은 문학작품의 주제가 되기도 한다. 이 작품들의 주제는 크게 '분신을 잃어버리는 공포'와 '분신의 출현, 또는 분신을 만난 공포'로 나눌 수 있다.

분신 현상에 대단히 흥미를 품었다는 독일의 낭만파 소설가 E. T. A. 호프만Ernst Hoffmann(1776~1822)의 작품에는 직·간접적으로 분신이라는 주제가 들어 있는 것이 많다. 그중 대표적인 『섣달 그믐날 밤의 모험』은 전자에, 『악마의 묘약』은 후자에 속하는 것이라 생각할 수 있다. 『악마의 묘약』은 샤미소Adelbert von Chamisso의 『페터 슐레밀의 신기한 이야기』를 읽고 감격한 호프만이 쓴 이야기라고 하는데, 『페터 슐레밀의 신기한 이야기』 역시 그림자를 잃어버린 남자가 나오며 자신의 분신(여기서는 그림자로 나타난다)을 잃은 슬픔을 생생히 그리고 있다.

『섣달 그믐날 밤의 모험』은 거울에 비친 자신의 영상을 요염하고 아름다운 여성에게 빼앗긴 남자의 이야기다. 거울에 자신의 모습이 비치지 않는 현상은 '마이너스의 자기상 환시'(프랑스의 학자 소리에가 antoscopie négative라고 이름 붙였다)라고도 하는데, 이 주제는 모파상Guy de Maupassant의 소설 『오를라』로 이어지고 있다. 호프만의 작품에서 독자는 그 현상을 '환상 이야기'라고 보고 안심할지도 모르겠다. 그러나 모파상의 손을 거친 순간 이 주제는 생생하고 현실감 있게 묘사된다.

『악마의 묘약』에 나오는 내용과 같은 또 하나의 자신을 본 놀라움, 공포 등을 그린 작품으로는 에드거 앨런 포Edgar Allan Poe의 『윌리엄 윌슨』, 도스토옙스키Fyodor Mikhailovich Dostoevskii의 『이중인격』을 들 수 있다. 도스토옙스키의 『이중인격』이라는 제목은 원래는 분신, 또는 이중신이라고 해야 마땅할 것으로, 앞에서 말한 예와 같은 이중인격은 아니다. 또 분신과의 경험의 괴리가 너무나 두드러져서 파국에 이르는 작품으로는 오스카 와일드Oscar Wilde의 소설 『도리언 그레이의 초상』, 안데르센Hans Christian Andersen의 동화 「그림자」 등을 꼽을 수 있다.

안데르센 동화에서는 무미건조한 학문을 하고 있던 학자의 '그림자'가 학자로부터 떨어져나가 건너편에 있는 집으로 기어간다. 거기에는 아름다운 여성이 살고 있었다. 그림자는 그 뒤 출세해서 학자를 "자네!"라고 함부로 부를 정도가 된다. 그림자는 마침내 왕녀와 결혼하고 걸림돌인 학자를 감옥에 가두어버린다. 그리고 이야기는, 안데르센이 아동용 순수 동화작가라고 굳게 믿는 사람에게는 약간 충격적인 결말을 보여준다. 그림자와 왕녀의 결혼을 축하하는 축포가 울리고 두 사람은 사람들의 요란한 만세 세례를 받는다. "그러나 학자는 이 요란한 소리를 전혀 듣지 못했습니다. 왜냐하면 이미 목숨을 빼앗겼기 때문입니다"라고 결말을 맺고 있기 때문이다.

유명한 예술가 스스로가 분신 체험을 했다는 보고도 많다. 『시와 진실』에 나오는 괴테Johann Wolfgang von Goethe의 체험은 너무나 유명하다. 괴테는 연인 프리드리케와 슬픈 이별을 한 뒤, 길 건너편에서 금실을 넣은 회색 웃옷을 입고 말에 올라타 있는 자신의 모습을 "육체의 눈이 아니라 영혼의 눈으로 보았다"고 한다. 이탈리아의 작가 다눈치오Gabriele d'Annunzio, 프랑스의

시인 알프레드 뮈세Alfred de Musset, 영국의 낭만파 시인 퍼시 비시 셸리Percy Bysshe Shelley 등도 자기상 환시 체험을 했다고 한다. 또한, 뭉크Edvard Munch의 병력病歷을 연구한 일본의 정신과 의사인 미야모토 다다오宮本忠雄는 뭉크에게는 가공의 환각적 분신이 있는데, 그의 이름은 '앨버트 콜먼'이며 뭉크가 콜먼으로서 몇 점의 초상화를 그리기도 했다고 쓰고 있다(미야모토 다다오 「뭉크의 '절규'를 둘러싸고ムンクの『叫び』をめぐって」). 정신의 병마와 싸우면서 이런 분신 체험에 시달렸던 뭉크가 많은 자화상을 그렸다는 사실은, 그가 자신의 상을 명확하게 파악하려 했던 노력의 반영으로 볼 수도 있지 않을까?

앞서 쓴 호프만도 분신 체험을 하지 않았을까? 음악가이자 판사이자 문필가이자 그림도 잘 그렸다는, 삶 자체가 흡사 분신 체험인 것 같은 호프만은 "죽음의 예감에 사로잡혀 도플갱어(분신)를 보다"라는 메모를 남겼다고 한다(요시다 로쿠로吉田六郎 「호프만ホフマン」).

일본에서는 작가 아쿠타가와 류노스케芥川龍之介가 분신을 주제로 한 「두 개의 편지二つの手紙」라는 가벼운 단편을 썼다. 류노스케는 어느 좌담회에서 도플갱어 경험이 있는가를 묻는 질문에 대해 "있다. 나의 이중인격은 한 번은 제국극장에서, 또 한번은 긴자銀座에서 나타났다"고 대답했다. 혹시 착각이나 사람

을 잘못 본 것 아니냐는 질문에 대해 "그렇게 생각해버리면 가장 해결하기 쉽지만, 그렇게 쉽게 말해버릴 수 없는 일이 있다"라고 말하고 있다(이와이 히로시岩井寛 「아쿠타카와 류노스케」).

충격적인 자살로 일본을 경악시켰던 작가 미시마 유키오三島由紀夫는 로샤 테스트 세 번째 그림에 대한 반응에서 "도플갱어 같은데. 나비를 안에 두고 대결하고 대치하고 있는 것 같다⋯⋯"고 대답했다. 이것은 로샤 테스트 전문가인 가타구치 야스후미片口安史가 많은 작가를 상대로 했던 '작가 진단' 테스트 결과다. 세 번째 그림에는 '두 명의 인간' 같은 것이 보이므로 그런 반응은 일반적이지만 '도플갱어'란 아주 드문 대답이다. 이것은 미시마 유키오가 이 현상에 상당한 관심을 갖고 있었음을 반영한다고 생각한다.

동시대의 일본인에 비해 비교할 수 없을 정도로 높은 동서양의 교양을 익힌 사람들이라 할 수 있는 아쿠타가와나 미시마는 이 양자의 상극을 강하게 체험했음이 틀림없다. 도플갱어에 대한 두 사람의 관심, 그리고 두 사람 모두 자살로 삶을 마감했다는 사실은 시사하는 바가 크다. 호프만의 메모에도 있었듯이 분신 체험에는 죽음의 그림자가 들러붙어 있는 것 같다.

문학작품 쪽으로 깊이 들어가는 바람에 실제 사례는 많이 들지 못했는데, 이런 사례는 많지는 않지만 현재도 보고되고 있다. 이런 현상은 정상인도 겪을 수 있으며 노이로제, 정신분열, 전환轉換 등의 경우에도 일어나므로 단순히 이 증상만으로는 병을 진단할 수 없다.

처음에도 잠시 언급했지만 자기상 환시 체험으로서 짧은 시간 동안 자신의 모습을 보았다는 체험과, 또 하나의 자신이 산다고 확신하거나 자기 등에 올라타 있다고 '느끼는' 체험과, 자신의 분신이 먼 곳에서 독자적인 행동을 하고 있다고 느끼는 체험은 심리적 기제도 상당히 다른 듯하다. 물론 이들은 정신병리학적으로 분류되어 있지만, 그것은 전문서적에 맡기고 우리는 심리적인 면에만 주목해보자.

물론, 문학작품 중에서 분신을 주제로 한 작품이 시사하듯이, 이 경우도 이중인격일 때와 같은 콤플렉스의 활동이 연관되어 있을 것으로 예상된다. 그러나 문제는 그리 간단치 않다.

예를 들어, 최근에 교토京都대학 의과대학의 후지나와 아키라藤縄昭 교수가 발표했던 「어느 분신 체험에 관해」에 나오는 사례를 살펴보자. 이것은 정신분열병자의 두 사례에 관해서 지은이가 '분신유리分身遊離체험'이라고 이름 붙인 증상에 대한 보고인데, 그중 첫 번째 예를 보자. 어느 남자 중학생이 2학년 무렵부터 멍하게 생각에 잠기거나 하기 시작했다. 예전에는 아주 우수한 학생이었는데 성적도 떨어지고 "소변과 함께 내

몸 안에서 뭔가가 빠져나간다"는 등의 호소를 하기 시작했다.

결국 입원해서 치료를 받았는데, 자신이 나쁜 짓(자위)을 했기 때문에 소중한 것이 자신의 몸에서 나간다고 말하거나, 자신은 타인에게 폐를 끼치고 있다고 생각하고, 케네디 대통령이 살해당한 것도 자기 탓이라고까지 말하게 된다. 그 뒤에도 죄의식 망상이 강해 자살을 기도하기도 하는데, 발병 5년 뒤에 자신의 '분신'에 대해 입을 연다. 무단외출을 했다가 이끌려서 돌아왔을 때, 주치의에게 "분신을 찾으러 갔다. 공부를 하든 일을 하든, 분신이 돌아오지 않으면 아무것도 할 수 없다"고 말한 것이다.

학생의 이야기에 따르면, 분신은 7년 전에 자위를 할 때 빠져나왔으며 지금은 오사카大阪 근처에 있는 것 같다는 것이다. 가끔은 눈앞까지 돌아오지만 손을 뻗으면 멀리 가버린다고 한다. "나와 분신이 둘이서 살인을 하고 있다"고 말하기도 했다. 그리고 나서, 약 1년 뒤 "분신과 끊어지고 말았다"거나 "분신은 죽었다"고 말한다. 그리고 21살이 되었을 때 "분신이 어디에 있는지 짐작도 못하게 됐고", "분신이 끊어지고 말았다"라는 절망적 체험을 거쳐 마침내 자살하고 말았다.

이런 예를 접할 때, 우리는 콤플렉스와 같은 개념을 통한 이해를 훨씬 뛰어넘는 어떤 것을 통감하게 된다. 그가 잃어버린 소중한 것, 그것이 없어지자 '공허'하게 느끼는 현상, 그의 분신은 콤플렉스라 부르기에는 너무나도 크다. 물론, 그 속성 안에는 그의 콤플렉스로서 이해할 수 있는 요소도 포함되어 있기는 할 것이다. 여기서 감히 콤플렉스라는 말을 쓴다면, 그 학생의 고뇌는 콤플렉스 상실의 고통이자 콤플렉스를 잃어버린 공허함이라고 생각할 수는 없을까? 앞에서 들었던 문학작품에서 분신을 잃어버리는 공포나 슬픔을 말하는 예가 있다고 지적했다. 이런 점을 고려하면 콤플렉스는 없는 게 좋다는 사고방식은 너무 얄팍한 것 아닌가, 하는 생각까지 든다. 이 문제는 앞으로도 계속 고찰해가야 할 것이다.

분신 현상은 이중인격처럼 단순하게 콤플렉스라는 개념으로는 설명할 수 없다. 그러나 예를 들어 도스토옙스키의 소설 『이중인격』 등은 현상으로서는 물론, 내용도 어느 정도 이해하기 쉬울 것이다.

주인공인 서기 야코프 페트로비치 골랴드킨은 소심하고 소극적이며 매사에 서툴고 열등감 강한 인간이다. 그는 갑자기 자신의 우월감을 만족시킬 수 있을 듯한 일—이를테면 고관의 집에 초대받은 일—을 꾀하지만 실패하고, 실의의 밑바닥에서 '또 한 명'의 골랴드킨을 만난다. 그런데 이 제2의 골랴드킨은 주인공과 정반대다. 요령이 좋고 대범하고 사람들을 적당히 깔보고 적당히 존대한다. 그리고 주인공의 몸부림을 곁눈질하며 술술 따돌리고 앞질러간다. 결국 주인공 골랴드킨은 미쳐가는데, 이 과정을 그야말로 현실감 넘치고 박력 있게 묘사하고 있다. 도스토옙스키의 탁월함은 제1인격도 제2인격도 간단히 정형화하지 않고 둘 모두를 살아 있는 인간으로 그려내면서, 심지어 둘 다가 분명하게 정반대의 인물로 나타난다는 점이다. 열등감과 우월감의 상극이 주제를 이루면서도, 쉽사리 어느 쪽 인격이 열등하다고 딱 잘라 말할 수 없는 부분이 있다. 바로 그 점 때문에 분신이라는 주제를 다루었음에도 환상이나 다른 무엇이 아닌, 현실감 넘치는 소설이 되었을 것이다.

이중인격일 때에는 두 인격의 대비가 좀 더 전형적이었다. 분신의 경우는 그렇게 분명하지는 않지만, 아무튼 인격들을 대비할 때에 열등한 인격, 열등한 쪽이 문제시되는 일이 많다. 이런 점에서 생각해도, 이른바 열등감 콤플렉스inferiority complex는 누구에게나 중요한 문제이고, 또한 이해하기 쉬운 일이다. 그럼, 열등감 콤플렉스에 관해 간단히 설명해보겠다.

3. 열등감 콤플렉스

열등감 콤플렉스의 중요성을 강조한 사람은 오스트리아의 정신의학자 알프레드 아들러(1870~1937)다. 아들러는 처음에는 프로이트와 협력해서 정신분석 연구에 전념했는데, 곧 프로이트를 비판하고 자신의 설을 세웠다. 그는 프로이트의 성욕설에 대해, 인간의 가장 근원적인 욕망은 '권력을 향한 욕구'라고 주장했다.

아들러에 따르면 인간은 누구나 열등감을 갖고 있다. 그는 처음에 이런 열등감을 신체적 원인으로 설명하려 했다. 아들러는 특정 기관의 결함이 동일한 가족에게서 자주 보이거나, 어떤 사람에게 호흡기나 소화기 등 특정 기관의 열등성이 존재하는 데에 주목했다. 그리고 이런 열등 기관이 존재할 때 그것을 보상하는 작용이 일어나는 것에 흥미를 가졌다. 예를 들어 한쪽 신장에 결함이 있으면 다른 쪽 신장이 더 강해져서 보완하게 되거나 다른 기관이 강해져서 신장의 결함에 따른 약함을 어떤 형태로든 보상하려 한다. 또는, 열등 기관 자체가 부단한 연마를 통해 오히려 강해지기도 한다. 이런 점으로 미루어 인간은 의식하지는 못하지만 어떤 기관 열등성을 가지며, 그것을 보상하여 강력해지려고 함으로써 그 사람의 '삶의 방식'이 완성된다고 생각했다.

그 뒤 아들러는 이런 신체적 원인에 의한 현상을 확대해서 심리적인 것으로 진척시켜, 모든 인간은 어떤 열등감을 가지며 그것을 보상하려고 하기에 '권력을 향한 의지'가 작동한다고 생각했다. 그것이 성공하면 말더듬을 극복해서 웅변가가 된 데모스테네스Demosthenes처럼 되며, 실패하면 겉으로만 큰소리치거나 실패를 두려워하여 아무것도 하고 싶지 않거나 노이로제에 걸려서 도피하게 된다고 생각했다.

프로이트의 성욕설에 반발을 느끼던 사람들에게 아들러의 생각은 받아들여지기 쉽고 이해하기도 쉬웠다. 또한 아들러는 인간이 가진 '사회적 감정'을 중시했고 사회적인 존재로서 인간이 어떻게 교육받아야 하는지를 설명했기 때문에 그의 주장은 종교가나 교육자 사이에서 널리 퍼졌다. 그 때문인지 교육현장에서도 열등감이라는 단어를 많이 쓴다. 그런 한편으로 열등감에 대한 오해나 얄팍한 이해가 많은 것도 사실이므로 여기서 열등감에 대해 간단히 이야기해보겠다.

먼저 뭔가에 대해 열등하다는 것, 또는 그 열등성을 인식하는 것과 열등감 콤플렉스는 다르다. 예를 들어 친구들이 모여서 소프트볼을 하려 할 때 "나는 소프트볼을 잘 못해"라고 말하면서 응원을 떠맡거나 볼보이를 하면서 즐거운 시간을 보내는 사람은 소프트볼에 대해 '열등'하고 그것을 인식하고 있지만, 열등감 콤플렉스를 갖고 있지는 않다. 이때, 소프트볼을 못하면서도 기어이 투수를 하고 싶어 하거나 잘하지 못했다고 계속 투덜거리는 사람이 오히려 콤플렉스를 갖고 있다고 말할 수 있다. 즉, 그 사람은 열등함을 받아들이고 있지 않은 것이다.

콤플렉스라고 부르는 이상, 그것은 감정으로 물들어 있어야 한다. 감정의 얽힘이 없이 자신의 열등성을 인식하는 것은 오히려 콤플렉스를 극복한 모습이다. 소프트볼에 관련된 콤플렉스는 실제로 소프트볼 연습을 해서 실력을 높여 극복하거나, 자신이 소프트볼을 못한다는 사실을 인정함으로써 극복하고 해소할 수 있다.

실제로 할 수 있는 일을 못한다고 믿거나, 그렇게 믿고 있는 탓에 게으름을 부려서 실패하고, 결국에는 해봤자 안 된다고 더더욱 믿어버리는 상황을 아들러는 '열등감의 악순환'이라고 부른다. 이런 악순환에 빠져 있는 사람은 어느 쯤에서 떨쳐 일어날 계기를 만들어줘야 한다. 이런 경우는 타고난 힘이 있을 때이므로 비교적 도와주기 쉽다.

그런데 타고난 능력이 없다면 어떻게 될까? 예를 들어 수학을 못하는 아이에게 아무리 계기를 만들어주려 해도 도저히 수

학적 능력이 없다면 어떻게 해야 좋을까? 이 문제는 심각하다. '인간은 노력하면 무엇이든 할 수 있다'고 믿는 사람은 행복하다. 우리들 분석가처럼 다른 사람을 돕는 일을 하는 사람들은, 인간의 능력에는 한계가 있으며 우리가 대적하기 힘든 불가해한 힘이 인간에게 작용하고 있음을 언제나 받아들이지 않을 수 없다. 아무리 노력해도 머리가 좋아질 수 없는 아이가 있다. 교통사고로 다리를 잃은 사람은 다리를 되살릴 수 없다. 우리는 때때로 형용할 수 없는 절망감에 사로잡힌다.

이 문제에 대해 앞의 소프트볼의 예를 빌려서 생각해보자. 소프트볼을 못하는 것에 대해 왜 어떤 사람은 콤플렉스를 갖고 어떤 사람은 콤플렉스를 갖지 않을까? 이때 아무렇지 않게 자신이 소프트볼을 잘하지 못한다는 사실을 순순히 인정하는 사람은, 그것을 인정함으로써 자기 인격의 존엄성을 잃지 않을 수 있음을 느끼고 있기 때문이다. 말하자면 소프트볼에 관한 열등을 인식하는 것이 그의 자아 속에 통합되어 있으며, 어떤 것도 그 안정을 흔들지 못하기 때문이다. 이것은 우리에게 시사하는 바가 크다.

그러나 돈이 없거나 사회적 지위가 낮거나 또는 지능이 낮거나 장애자이거나 하는 사실을 인정하면서도 인격의 존엄성을 잃지 않기란 대단히 어려운 일이다. 또한 어떤 사람이 이런 열등을 인식하려 할 때 그것을 격려하고 돕는 교사나 치료자는 돈이나 지위, 명예와 관계없이 인간 존재의 존엄성을 확신하고 있어야만 한다.

콤플렉스는 자아가 경험하지 않은 감정으로 성립되어 있다는 의미에서 간단히 '열등감' 등으로 이름 붙여질 수 있는 것이 아니다. 앞서 제시했듯이, 명백하게 열등하다고 인식할 수 있을 때 그것은 문제가 되지 않고 콤플렉스도 아니다. 이런 의미에서 열등감 콤플렉스 안에는 반드시 우월감이 혼재하고 있다고도 볼 수 있다.

소프트볼을 못하는 경우에는 "아냐, 할 수 있을 거야", "그까짓 걸로 기뻐하는 건 바보 같아", "나도 한 번 멋지게 던질 수 있다면" 등등 말로 형용할 수 없는 감정을 맛볼 것이다. 그런 감정이 복잡하여 인식하지 못하기 때문에 안절부절못하기도 하고, 하지 않아도 될 일을 하기도 한다. 자아에게 어느 정도 의식되는 것은 열등감 쪽이지만 거기에 우월감이 미묘하게 뒤섞여 있다는 점, 바로 그것이 콤플렉스가 되는 이유다.

자신은 아무런 가치도 없는 사람이라며 자살을 꾀했던 사람이 약간 기운을 되찾으면 자신처럼 괴로워하고 있는 사람들을 구하고 싶어 하는 경우가 있다. 죽는 수밖에 달리 방법이 없다고 할 정도의 열등감과 세상의 괴로워하는 사람을 구해보겠다는 우월감이 공존하고 있다는 점이 바로 열등감의 특징이다. 이러한 상황에서 강한 판단의 동요가 이 사람을 자살이라는 행동으로 몰아넣어가는 것이다.

열등감과 우월감의 미묘한 혼재—결국은 열등감 콤플렉스라고 불러도 될 것 같지만—를 토대로 또 하나의 기묘한 콤플렉스가 파생한다. 앞서 말한 자살 미수자처럼, 이런 사람은 타인을 '구하고 싶어 하는' 경향이 강하다. 그야말로 '달갑잖은 친절'이라는 말이 딱 들어맞는 행위의 전문가다. 누군가 손톱만큼이라도 힘들어하면 쓸데없이 도와주거나 동정해준다. 힘들어하지 않을 때는 뭔가 고민이 없는지 찾아내거나 때로는 만들어내는 일도 마다하지 않을 정도의 친절함이다. 이런 콤플렉스는 메시아 콤플렉스Messiah complex라고 불린다. 타인을 구하는 일은 분명 좋은 일이라는 이유만으로도 좀처럼 비난받지 않으므로 이 콤플렉스는 극복하기 어렵다.

타인을 위해 최선을 다해야지, 하는 선행의 그늘에 열등감 콤플렉스의 역逆이 혼재하고 있음을 스스로 인정하기는 힘들다. 카운슬러가 되어 괴로워하는 사람을 위해 최선을 다하고 싶은 사람은 먼저 스스로에게 물어보아야 한다. 먼저 구해야 할 사람이 타인인지, 아니면 나 자신인지를.

열등감 콤플렉스는 중요하고 이해하기도 쉽기 때문에 여기서 간단히 설명했는데, 이로써 콤플렉스에 대한 처방법도 어느 정도 알게 되었을 것이다. 이 처방법에 대해서는 3장과 4장에서 자세히 살펴보고, 그 전에 콤플렉스를 이해하는 데 필요한 개념인 '마음의 상보성相補性'에 대해 알아보자.

4. 마음의 상보성

이중인격의 예에서 현저히 드러나듯이, 무의식 안에서 형태를 갖추는 심적 내용은 그 사람의 자아의 일면을 보충하는 듯한 경향이 있음을 알 수 있다. '성녀' 같은 비첨 양에 대해 제2인격인 샐리는 장난꾸러기이며, 비첨의 일면성을 보충하고 있다는 것은 분명하다.

제1장 첫머리에서 예로 들었던 대인공포증 여학생을 생각해보자. 이 여학생은 대인공포증으로 상담하러 왔는데, 이야기를 들으면서 알게 된 사실은 좋은 부모님 슬하에서 곱게 자랐으며 특별한 고민도 없이 오로지 공부만 열심히 하면서 컸다는 점이었다. 또래 여자애들이 옷이나 남자 이야기를 하기 시작했던 무렵에도 그녀는 그런 것에 전혀 관심이 없었다. 그리고 원하던 대학에 입학했고 좋아하는 공부에도 전념할 수 있어

기뻐하고 있었는데, 최근 들어 대인공포증이 생겼으며 공부도 재미없어지고 말았다는 것이다. 그런데 치료를 위해 이야기를 나누는 동안에 그녀는 모든 사람이 아니라 남자만을 무서워한다는 사실을 깨달았다. 그리고 지금까지는 동기라는 이유로 남녀 가리지 않고 별 생각 없이 사귀어왔는데, 이젠 동기라 해도 남자라면 이성이라는 생각이 들자 무섭다고 할까 싫다고 할까, 뭐라 말하기 어려운 느낌에 사로잡힌 것이다.

게다가 "동기인 여학생 A는 화장이 진해서 싫다", "A는 대학에 공부를 하러 온 게 아니라 남자를 낚으러 온 건 아닐까 하는 생각이 든다", "정말 꼴불견이다" 등등 분개하기도 했다. 이런 이야기를 실컷 한 뒤에 그녀는 '왠지' 학교에 가고 싶어졌고, 어찌어찌 하다 보니 남자친구까지 생겼다. 상태가 좋아졌으니 치료를 마치기로 했다고 그녀가 알리러 왔을 때 카운슬러는 깜짝 놀랐다. 그녀가 곱게 화장을 하고 있었기 때문이다.

이럴 때, 인간의 마음이 발전해가는 대단함에는 감탄하지 않을 수 없다. 공부벌레에다 이성에 관심이 없던 이 여학생의 자아는 나름대로 하나의 통합성을 갖고 있었을 것이다. 그렇기 때문에 이 학생은 열심히 공부하는 우수한 학생으로 선생님이나 친구들한테서 인정받아왔다. 이 자아가 그런 성질을 간직한 채였다 해도 특별히 이상할 건 없다. 그런데 그 자아를 보충하는 것으로서 이성에게 관심을 갖는 경향이 무의식 속에서 솟구쳐 올라온 것이다. 그녀의 자아가 일면적인 성장을 하고 있을 때에, 이른바 '이성 콤플렉스'라고 부를 수 있는 콤플렉스가 무의식 속에서 형성되어 그 압력이 자아를 위협하기 시작했다. 여기서 대인공포증이라는 증상은 안정을 무너뜨리고 싶지 않은 자아와 그것에 압력을 가하고 있는 콤플렉스의 타협의 산물 같은 것이다.

그러나 카운슬러와의 대화를 통해 자아는 조금씩 콤플렉스의 존재를 받아들이는 한편으로, 자신이 이성에 관심을 갖지 않았다는 일면성도 받아들인다. 콤플렉스에 대한 반발은 동급생 A에 대한 비난이라는 형태로 이루어지는데, 그에 따른 감정을 표출하고 나서 마침내 콤플렉스를 자아 안으로 받아들이는 데에 성공한다.

이때 자아의 일면성을 보상하는 것으로서 콤플렉스가 커다란 역할을 하고 있다는 점에 주목하자. 융은 인간 마음의 이런 상보성相補性에 주목하고 인간의 마음은 전체로서, 요컨대 의식과 무의식을 포함해서 완전히 하나의 존재라는 생각을 일찍이 갖고 있었다.

이런 생각은 1902년에 발표된 융의 박사논문 「이른바 신비 현상의 심리와 병리에 관하여」에서 이미 싹을 보이고 있다. 이를테면 그 논문에서 융은 이중인격이나 꿈속여행 같은 현상을 논하면서, 이러한 현상들은 새로운 인격의 발전 가능성이 어떤 특수한 곤란성으로 인해 방해를 받기 때문에 일어난다고 생각할 수 있음을 지적한다. 이 의견은 그 무렵에 단순히 병적인 것으로 여기던 이러한 현상에서, 목적을 가진 의식, 말하자면 의식의 일면성에 대한 보상의 가능성을 찾아내려 한 것이다. 이런 논지 속에서 융은 사춘기 때 꿈속여행의 예가 특히 많다는 것을 지적하고 사춘기에 인격의 발전 경향이 강하다는 사실과 연관 지어 생각한 것도 흥미롭다. 앞의 대인공포 사례도 청년기의 문제이며, 앞 단락에서 소개했던 강박에 의한 분신 체험 사례도, 발표된 두 예가 모두 12, 13살에 발병하고 있다는 사실이 중시되고 있다.

앞에서 말한 마음의 상보성에 대한 생각은 융의 특징을 잘 나타내고 있다. 프로이트는 콤플렉스에 대해, 자아에게 받아들여지지 않고 억압된 것이며 콤플렉스의 표출은 어떤 의미에서 병적인 것으로 보이는 경향이 많다고 생각했다. 반면에 융은 콤플렉스의 표출이 마이너스적인 면도 있음을 인정하고, 거기에 인격의 발전 가능성으로서 목적론적 관점을 도입했다. 『혼의 탐구자로서의 근대인』에서 융이 한 말을 인용한다.

"콤플렉스는 넓은 의미에서 일종의 열등성을 나타낸다. —

이에 대해 나는, 콤플렉스를 갖는 것이 반드시 열등성을 의미하지는 않는다고 즉시 덧붙임으로써 그 말에 제한을 두고자 한다. 콤플렉스를 갖는다는 것은, 뭔가 양립하기 힘든, 동화되어 있지 않은, 갈등을 일으키는 것이 존재한다는 것을 의미할 뿐이다. ― 아마도 그것은 장애일 것이다. 그러나 그것은 위대한 노력을 자극하는 것이며, 그러므로 아마도 새로운 일을 해낼 가능성의 실마리이기도 할 것이다."

여기서 그의 생각에 따라 고찰을 진척시켜, 콤플렉스라는 개념을 뛰어넘은 내용에 관해 이야기해보자. 그것은 융 이론의 중심을 이루고 있는 '자기Selbst, self'라는 것에 관한 내용이다. 이것은 콤플렉스 이야기의 범위를 명백하게 벗어난다. 그러나 앞으로 논의를 전개하는 데에 필요할 것 같으므로 여기서 잠깐 살펴보겠다.

마음의 상보성에 특히 주목한 융은 의식의 일면성을 보충하는 경향이 무의식에서 일어나는 것으로 보고, 자아는 어디까지나 의식 통합의 중심이지만 마음 전체(의식과 무의식까지를 모두 포함하는)의 중심일 수는 없다고 생각하기 시작했다. 그리고 융은 동양사상을 접하고 특히 중국의 '도道' 사상이 음양의 대립과 상호작용을 포함하고 있는 점에 크게 시사받아 '자기自己'라는 생각을 갖기 시작했다. 즉, 자아는 어디까지나 의식의 중심이지

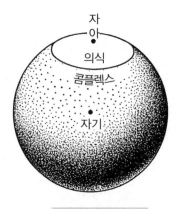

자
아

의식

콤플렉스

자기

• **그림 2 자아와 자기**

만, 도저히 인간의 마음 전체의 중심이라고는 생각할 수 없어
서 그 중심을 '자기'라고 이름 붙였던 것이다. 이것은 예를 들
자면 인간의 마음이라는 공의 중심이 자기이며 구의 표면에 존
재하는 하나의 원으로서의 의식의 중심이 자아이다(그림 2 참조).
콤플렉스란 이 구에 포함되며 의식이라는 원에 인접한 수많은
원이라고 할 수 있다. 그리고 자아도 콤플렉스도, 커다란 통합
성을 토대로 '자기'라는 중심의 둘레에 존재하고 있다.

이브 화이트의 자아가 그녀 마음의 중심이라면 자신의 존재
를 위험에 빠트리는 이브 블랙을 마음속에 생겨나게 할 리가
없다. 요컨대 이브 화이트의 자아를 넘어선 마음의 중심의 존
재를 생각해야만 비소로, 그 존재의 작용을 통해 이브 화이트

의 일면성을 보상하는 이브 블랙의 출현을 이해할 수 있는 것이다. 물론 '자기'라는 용어의 정의定義만 생각해보더라도 우리는 '자기' 자체를 알 수는 없다. 그러나 우리는 자기의 '작용'을 의식할 수 있고, 거꾸로 그것의 작용을 통해 자기의 존재를 가정할 수 있다고 생각한다.

융은 콤플렉스가 새로운 일을 수행하는 데에 실마리가 될 수도 있다고 쓰고 있다. 그렇다면 조그맣게 굳어지려고 하는 '자아'에게 콤플렉스라는 발전의 실마리(동시에 고난이기도 하다)를 제공하여 자아가 보다 높은 차원의 통합성을 지향하게끔 하는 촉진제가 바로 '자기'다.

이중인격이나 분신 사례에서 '또 하나의 나'는 어두운 빛깔을 띠고 있었다. 그러나 그것들도 자아의 일면성을 보충하는 것으로서 볼 때 어둡기만 하다고 딱 잘라 말할 수 없는 부분이 있다. 이브 블랙도 결국은 이브 화이트와 통합되어 보다 성숙한 제3, 제4의 인격으로 발전해가는 토대가 되지 않았을까? 말하자면 모든 콤플렉스는 '또 하나의 나'를 이룩할 수 있는 가능성을 갖고 있는 것이다. 그리고 모든 '또 하나의 나'의 깊숙한 곳에 이러한 전全 인간의 통합자인 자기가 존재한다. 이 자기는 '또 하나의 나' 속의 맨 윗자리에 있는 존재이자 '나'를 넘어선 진정한 '나'라고도 말할 수 있다.

'또 하나의 나' 문제를 추구할 때 우리는 명확하게 파악할 수는 없지만 마음속 깊숙한 곳에 존재하는 고차원의 '나', 즉 '자기'라는 존재를 예감한다. 그것은 빛과 어둠을 모두 포함하는 것이다.

마음의 상보성은 한 사람의 마음 내부에서만 일어나는 것이 아니라, 두 사람(또는 다수) 사이에 일어날 수도 있다. 예를 들면, 외향적인 사람은 내향 콤플렉스를 갖고 있고 내향적인 사람은 외향 콤플렉스를 갖고 있는데, 이런 사람들이 연인이나 부부로 맺어지는 일이 많다. 각각의 사람이 자신의 마음속에 있는 콤플렉스를 발전시켜가는 대신에 그것을 보완해주는 사람과 맺어짐으로써 손쉽게 상보성을 획득하는 것이다.

그런데 요즘 들어 이런 부부가 40대에 접어들고 나서 이혼 문제로 상담하러 오는 일이 갑자기 많아졌다. 그것은 왜일까? 그들은 힘을 합쳐 외부의 적과 싸울 때는 서로를 보완해가면서 잘 지내왔다. 하지만 그 일이 일단 성공을 거두고 나면, 예를 들어 내 집을 장만했다든지 남편이 회사에서 고위 간부가 되었을 때, 그들은 한숨 돌리고 이야기를 나누려 한다. 그런데 서로가 서로를 도저히 이해할 수 없어 놀라고 비관하고 마는 것이다. 그들은 말하자면 등을 맞대고 외부의 적과 싸울 때는 최고의 부부다. 그런데 마주보고 대화를 나누려 하면 전혀 진행이 안 되는 것이다.

이런 경우, 이상하게 여겨질 정도로 그들 주변에 이야기 상대가 될 만한 이성이 나타난다. 그리고 남편이나 아내의 바람이라는 형태로 이혼문제가 터진다. 세상은 대개 바람을 피운 쪽을 탓한다. 그러나 심리학자로서 나는 양쪽 모두에게 책임이 있다고 생각한다.

결혼해서 20년 가까이 등을 맞대고 지내지 말고 서로 마주보고 대화를, 말하자면 자신의 콤플렉스와 대결을 시도했어야만 했다. 또는 마흔 살이 되어서야 비로소 그것을 깨달았다면 인생의 후반을 향해가는 길을 둘이서 함께 나아갈 수 있게끔 새로운 관계를 개척했어야만 했다.

콤플렉스 문제는 이처럼 대인관계에도 미묘하게 깊숙이 개입해 있다. 콤플렉스가 일으키는 현상에 대해서는 다음 장에서 좀 더 자세히 고찰해보자.

제3장 콤플렉스 현상

앞에서는 콤플렉스 현상을 극적으로 나타낼 수 있는 예를 들며 콤플렉스의 위협을, 비유하자면 확대경을 들이대 보았는데, 여기서는 콤플렉스 현상을 일반적인 수준에서 체계적으로 분류하여 하나씩 살펴보자.

콤플렉스의 활동은 우리가 생각지도 못한 곳까지 영향을 미치고 있다. 먼저 그것을 자아와 콤플렉스의 관계로 파악해보고, 이어서 이상異常인 경우로서의 신경증神經症에 관해 알아본 다음, 콤플렉스가 대인관계 문제에 어떻게 깊숙이 개입하고 있는지를 살펴보자.

1. 자아와 콤플렉스의 관계

앞에서 콤플렉스를 설명하면서 카인 콤플렉스나 메시아 콤플렉스 등을 이야기했다. 이런 설명을 들으면, 바로 자신에게 적용시켜보고 자신은 카인 콤플렉스가 강하다는 것을 알았다든지, 자신의 행동이 열등감 콤플렉스의 역逆이었음을 깨닫는 사람이 있다. 반면에 자신은 돌아보지 않고 타인에게서 콤플렉스를 찾아내며 재미있어 하는 사람도 있다. 어느 쪽이든 심리학적 설명에 흥미를 갖거나 감탄하는 것이다. 그러나 한 발짝 더 나아가, 다음과 같은 의문을 품은 사람은 없을까?

예를 들어 어떤 사람이 자선사업에 열중하고 있을 때 그것이 '진심'인지, 아니면 메시아 콤플렉스 때문인지 어떻게 판단할 수 있을까? 또는 그 행동이 메시아 콤플렉스 때문이라면, 왜 그것이 나쁜가, 어떤 콤플렉스에 토대를 두고 있든 자선행위는 자선행위 아닌가, 하는 식의 의문 말이다. 이런 의문은 참으로 당연하며 신중하게 고려해야 할 문제다.

먼저 후자 문제를 생각해보자. 자선행위는 자선이며, 그 행위가 어떤 콤플렉스에 뿌리를 두고 있든 그 자체의 가치와 무관하다는 것은 아주 중요하다고 나는 생각한다. 하나의 행위가 어떤 콤플렉스에 의해 이루어졌음을 안다 해도 그 행위 자체의 선악이나 가치와는 관계가 없다. 이것을 잘 모르는 얼치기 정신분석가는 사물의 가치를 깎아내린 셈이나 다름없는 줄 알고 기뻐한다. 다빈치 그림에서 그의 오이디푸스 콤플렉스를 읽어내는 것은(프로이트 「레오나르도 다빈치 유년기의 한 기억」) 흥미롭고 뜻 깊은 일이지만 다빈치 그림의 예술적 가치와는 관계가 없다. 프로이트의 논문을 읽고 다빈치 그림도 "결국은 오이디푸스 콤플렉스가 드러난 것에 지나지 않는다"면서 마치 모든 비밀을 알았다는 듯이 뽐내는 건 어리석은 짓이다. 반면 이런 분석을 예술에 대한 모독인 양 분개하는 것도, 지나친 역성이 도리어 화를 부르는 꼴이며 예술의 가치에 대해 안정된 확신을 갖지 못한 사람일 것이다.

이런 의미에서 보면 자선은 자선일 뿐, 그에 대해 왈가왈부할 필요는 없다. 그런데 그 자선을 베푸는 태도가, 이를테면 타인에게 베풀기 바빠서 정작 자기 가족은 돌보지 않는다든지 구태여 베풀지 않아도 될 쓸데없는 친절을 베푼다면 그 때문에 오히려 피해를 입는 사람이 생겨난다. 이때 우리는 메시아 콤플렉스의 존재에 대해 가치판단은 하지 않지만 메시아 콤플렉스에 너무 좌우되고 있는 자아의 상태는 문제삼는다. 자아가 콤플렉스의 지배에 굴종할 때 행동은 현실을 무시하게 되며, 결국 그러한 행동에 대한 평가는 낮아질 수밖에 없다.

지금까지 이야기한 것을 정리해보자면, 결국 콤플렉스의 존재 여부, 또는 행동의 진심 여부는 문제가 아니다. 문제는 자아와 콤플렉스의 관계의 상태라고 할 수 있다. 그럼, 이제 둘의 관계에 대해 생각해보기로 하자. 자아와 콤플렉스의 관계를 크게 분류해보면 다음과 같은 네 가지 경우로 나눌 수 있다.

①자아가 콤플렉스의 존재를 거의 의식하지 못하고, 그 영향도 받고 있지 않다.

②자아가 어떤 의미에서 콤플렉스의 영향을 받고 있다

(의식하고 있을 때와 무의식일 때가 있다).

③자아와 콤플렉스가 완전히 분리되어 있고, 그 주체성
  이 교대하고 있다(이중인격).

④자아와 콤플렉스 사이에 바람직한 관계가 있다.

이제 이 네 가지 경우를 자세히 살펴보자.

①자아가 콤플렉스의 존재를 거의 의식하지 못하고, 그 영향
도 받고 있지 않은 경우. 이때는 아무 문제가 없다. 예를 들어
외동아이인 경우, 유아기에 카인 콤플렉스의 영향을 받는 일
은 거의 없을 것이다. 하지만 이것은 이 사람이 평생동안 카인
콤플렉스로 고민하지 않을 것임을 의미하지는 않는다. 어쩌면
동생이 태어날지도 모른다. 아니면, 어른이 된 다음에 친구나
동료관계에서 카인 콤플렉스 때문에 고민하게 될 수도 있다.

어느 개인에게, 어떤 특정 콤플렉스가 아무 문제가 되지 않
는 시기와 어떻게든 그것을 문제 삼아야 하는 시기가 있음을
알아야 한다.

어떤 특정한 콤플렉스가 아니라, 모든 콤플렉스의 존재를 의
식하지 못하고 영향도 받지 않는 상태는 어떨까? 말하자면 콤
플렉스가 전부 없어진 상태 말이다. 이런 상태에 대해 융은 흥
미로운 말을 하고 있다. "콤플렉스는 심적 생명의 초점이자 결

절점結節點이다. 이는 없어서는 안 되는 것이다. 왜냐하면 콤플렉스가 없어지면 마음의 활동이 정지하고 말 것이기 때문이다."(「혼의 탐구자로서의 근대인」) 콤플렉스가 없어지는 경우 같은 건 인간이 이룰 수 있는 일이 아니다. 그렇게 되었다면 죽은 사람이 된 것이리라. 콤플렉스의 존재가 자아에게 전혀 의식되고 있지 않은 동안에 콤플렉스가 무의식 아래서 점점 강력해져가는 경우가 있다. 그러다 어떤 시기에 갑자기 콤플렉스의 우위성이 나타날 때는 정말 무시무시해진다. 가장 극적인 경우가 ③의 이중인격 현상인데, 이에 대해서는 앞장에서 자세히 이야기했다. 이런 경우에는 때때로 생각지 못했던 범죄 행위로 나타나기도 한다. 갑작스럽고 이유 없는 살인 사건이 일어났을 때, 그동안의 범인의 '온순한' 성격으로 봐서 생각도 못했던 일이라고들 하는 경우가 바로 여기에 해당된다. 그러나 이런 경우에도 예리한 안목을 가진 사람이라면 평온한 겉모습의 그늘에서 콤플렉스가 계속 강화되어가는 것을 놓치지 않을 것이다. 콤플렉스의 영향은 어떤 형태로 인식될까? 말하자면 이 ① 의 상태에서 ②로 이행하는 상태가 존재할 것이다.

②자아가 콤플렉스의 영향을 받고 있는 경우. 이것은 다양한 상태를 생각할 수 있다. 자아가 콤플렉스의 영향을 인식하는 정도나 자아에 대한 콤플렉스의 강도, 그에 따른 자아의 대처

법 등에 따라 상태가 달라진다.

먼저, 콤플렉스의 존재를 자아가 의식하고 있지 않지만 콤플렉스의 작용이 자아에 미치고 있는 경우는, 감정의 동요로 경험되며 외부에서도 관찰할 수 있다. 이유는 모르겠지만 왠지 안절부절못하거나 기분이 한없이 가라앉는 때 등이다. 이런 정서적 불안은 본인도 느끼고 타인도 알지만, 그 불안이 어떤 콤플렉스와 관련되어 있는지 본인은 모를 때가 많다.

또는 본인이 콤플렉스를 지적知的으로 인지하고는 있지만, 깨닫는 것만으로는 그 힘이 약해지지 않은 경우가 있다. 예를 들어 말로는 "나는 운동에 열등감이 심해"라고 하지만, 사실은 모두가 함께 운동을 하려 하면 감정적으로 반발하거나 기분나빠하는 경우다. 이처럼 지적인 이해를 한다는 것은 적어도 지적으로 '알고 있는' 것으로, 콤플렉스의 힘을 약간은 약화시키거나 제한할 수 있다는 면과, 문제를 지성화함으로써 콤플렉스 본질과의 대결을 회피하는 면의 양면성이 있다고 볼 수 있다.

콤플렉스의 힘이 강해짐에 따라 자아는 안정을 꾀하기 위해 다양한 수단을 쓴다. 이것이 이른바 자아방위의 기제機制이다. 자아는 우선 콤플렉스를 완전히 억누른다. 즉 억압이라는 방법이 존재한다. 이것이 잘 되면 ①의 경우(자아가 **콤플렉스의 존재**를 거의 의식하지 못하고 그 영향도 받고 있지 않은 경우)가 되지만, 좀처럼 완전히 억압할 수 없으므로 다음 수단으로서 다른 기제에 의존한다.

그 기제로 많이 이용되는 것이 투영投影이다. 자아의 영향 탓에 받아들여지기 어려운 심적 내용을 타인에게 떠넘기는 것이 투영인데, 예를 들면 앞장의 끝에 들었던 대인공포증 여성이 동기인 여학생 A를 비난했던 것과 같은 경우다. 말하자면 그녀의 마음속에서는 여성으로서 자기도 슬슬 화장을 시작해야 한다는 생각이 생겨나지만 그녀의 자아는 아직 그것을 받아들일 수 없다. 그래서 그 심적 내용을 A에게 투영하여 A를 비난한다. 그럼으로써 자아의 안정을 꾀하는 셈이다.

그러나 투영이라 하더라도 현실적으로 A가 진한 화장을 한 것은 사실 아닌가? 여기서 중요한 것은 A가 진한 화장을 한 것은 명백한 사실이지만, 그녀가 비난하듯이 공부보다 화장을 중시한다든지 남자를 낚는 것만을 목적으로 대학에 왔다는 것은 진실이라고 말할 수 없다는 점이다. 즉, 하나의 사실을 토대로 해서 뒤에 덧붙여진 부분에 그녀의 콤플렉스가 확대되어 투영되고 있는 것이다. 이 경우, 콤플렉스의 압력에 비례해서 현실을 무시한 투영이 이루어진다. 그러나 투영당하는 쪽도 어떤 의미에서는 투영을 유도할 만한 '열쇠'를 갖고 있는 경우가 많은 것으로 보인다. 이 투영의 기제는 대인관계 속에 깊숙이 들어와서 그것을 아주 복잡하게 만든다. 이것은 세 번째 단락에서 다시 한 번 이야기하겠다.

반동형성反動形成도 많이 이용된다. 자아가 받아들이기 힘든 욕구에 반대되는 일을 함으로써 자아의 안정을 지키려는 것이다. 어느 여학생이 동기인 남자 A에게 자주 화가 나곤 했다. A는 뛰어난 학생이었지만 남존여비 사상을 갖고 있는지, 언제나 "여자는 물러나 있어" 하고 말하는 듯한 느낌이 들었다. 학급의 행사를 결정할 때 등에도 의견대립이 잦았으며 여러 사람 앞에서 입씨름을 벌이기도 했다. 마침내 A의 태도를 좀 더 근본적으로 비판하기 위해 A를 찾집으로 불러내서 1대 1로 토론하고 싶다고 청했다. A는 이 도전을 받아들였고 두 사람은 오랜 시간에 걸쳐 토론을, 아니 토론을 벌였다기보다는 이야기에 열중했다. 화제는 두 사람이 생각지도 못했던 쪽으로 전개되어갔다. 그날 밤, 하숙집으로 돌아와서 자신이 A를 사랑하기 시작했음을 알았을 때, 그녀는 '자신을 둘러싸고 있던 벽이 무너져가는 듯한, 무섭기도 하고 기쁘기도 한, 형용할 수 없는 감정이 솟구쳐 올라' 눈물이 흐르는 것을 참을 수 없었다고 한다.

이런 예를 우리는 자주 경험한다. 이 경우, 그녀는 무엇에 대해 반동형성을 하고 있었던 것일까? 사람을 진심으로 사랑한다는 것은 두려운 일이다. 타인에 대한 애정을 의식하기 전에 반동형성이 일어나는 일은 많다. 여기서 그녀가 누군가를 사랑하는 것에 대해 저항하고 있었다고 생각할 수 있을 뿐만 아니라, A라는 인간으로 나타나는 남성적인 생물에 대해서도 양가적인 감정을 갖고 있었던 것으로 볼 수 있다.

말하자면 그녀는 자신도 A처럼 살아보고 싶다는 생각과 자신은 A처럼 살면 안 된다는 생각의 상극 속에서 반동형성이 일어났다고 생각할 수 있다. 그런 상태에서 A를 자신의 남편으로 받아들임으로써 어느 정도 시인하고, 거기에 맞춰 자신의 인격도 변모시켜나갈 것이다. 이렇게 생각하면, 결혼은 목표가 아니라 두 사람에게 있어 자기실현의 출발점이 되어야 한다는 것을 잘 알 수 있다.

대상代償(보상)도 많이 쓰이는 자아방위 방법이다. 콤플렉스에 토대를 둔 욕구를 자아가 받아들이기 힘들 때, 본래의 대상과 다른 것을 대상으로 고르는 것이다. 서른 살의 한 여성이 심하게 억울한 상태로 상담하러 왔다. 이야기를 나누는 동안에 명백해진 사실은 그녀가 많은 남자와 관계를 가졌으며, 그중 어느 누구와도 결혼에 이르지 못하고 그 관계를 짓밟는 형태로 헤어졌다는 사실이었다. 나는 그녀가 마치 남성 자체를 증오하여 복수하고 싶어 하는 것 같다고 지적했다.

분석 과정에서 명백해진 사실은 아버지에 대해 아주 강한 애착심을 갖고 있다는 것, 그 아버지가 그녀가 어릴 때 이혼하며 그녀와 어머니를 '버린' 것에 대한 격렬한 분노가 존재한다는 것이었다. 그녀는 처음에는 그 감정들을 의식하고 있지 않았다. 분석을 하면서 이것들이 명백해짐에 따라, 그녀의 남성 편력은 아버지의 보상으로서, 그것을 구하는 감정과 복수하고 싶다는 감정으로 발전했기 때문에 많은 남성을 선택해왔음을 알았다. 보상만족이라는 것은 아주 많은 것에 대해서 이루어진다. 이것은 도피의 기제와 연결되어 콤플렉스와의 대결을 회피하게 하고, 백일몽이나 공상 속에서 보상만족을 찾기도 한다.

마지막으로 자아가 콤플렉스의 영향을 받는 상태로서, 자아가 콤플렉스에 동일화되어 있는 경우를 들 수 있다. 이 경우는 이중인격처럼 자아와 콤플렉스의 정권교체가 이루어지는 것이 아니라, 콤플렉스라는 파벌이 일종의 막후 세력으로서 주류파를 마음대로 움직이고 있는 상태다. 이것은 얼마나 동일화되느냐에 따라 양상이 달라지지만, 동일화 정도가 강할수록 당연히 병적인 모습을 보인다.

어려서부터 모범생인 어느 고등학교 2학년 남학생이 있었다. 부모나 선생님의 말씀도 잘 듣고 나쁜 짓이라곤 한 번도 한 적이 없을 정도였다. 그런데, 이 고교생이 갑자기 집을 나

가버렸다. 부모의 놀람과 걱정은 대단했다. 가출이란 상상도 할 수 없던 일이었기 때문이다.

다행히 친구 집에 묵었기 때문에 큰일이 벌어지지는 않았지만 부모를 다시금 놀라게 한 것은 아이의 태도였다. 집에는 절대로 돌아가지 않겠다면서, 부모님과도 말을 하고 싶지 않다고 우길 때 '완전히 딴 사람 같았던' 것이다.

누가 보기에도 '착한 아이'로 여겨지며 자란 아이는 부모나 선생님 말씀은 잘 듣지만 자신의 의지로 판단하고 행동하는 일이 거의 없는 경우가 많다. 이런 상태가 이어져서 자아가 콤플렉스의 존재를 깨닫지 못하고 있는 동안에는 참으로 평화롭다. 하지만, 이 아이의 마음속 깊은 곳에서 점점 발달해온, 자립 콤플렉스라고 부를 만한 것이 갑자기 폭발해서 아이의 자아가 그 콤플렉스에 동일화할 때 가출이라는 행동이 취해진 것이다.

그의 부모가 완전히 딴 사람 같다고 생각했던 것도 무리는 아니다. 가출을 한 것은 그들의 아이가 아니라 그 밑바닥에 있던 콤플렉스였던 것이다. 콤플렉스와 동일화했을 때의 인간은 강력하다. 이럴 경우 그의 행동은 어느 한쪽 면에서 바라본 눈부실 정도로 반짝이는 진리(이 고교생의 경우, 자립하는 것)와 놀랄 만큼의 현실 무시(어떻게 자립할 것인지 구체적인 대책이 하나도 없다는 점), 그리고 어떤 설득도 받아들이지 않는 완고함이 특징이다. 이럴 때 우리는 콤플렉스의 힘이 약해져서 대화 상대로서의 자아가 약간이라도 권력을 회복하기를 기다릴 수밖에 없을 때가 많다.

자아가 콤플렉스의 영향을 받고 있는 경우의 예에 대해서 설명해보았다. ③으로서의 이중인격에 관해서는 앞장에서 자세히 이야기했다. ④의 자아와 콤플렉스의 바람직한 관계에 대해서는 제4장에서 다루기로 하겠다. 지금 ②의 예로 들었던 것은 다소나마 건강한 사람의 범위 안에서도 일어나는 일이었는데, 이것이 명백하게 병증으로 나타난 현상으로서 신경증(노이로제)에 대해 이야기해보겠다.

2. 노이로제

노이로제(신경증)는 심리적 원인 때문에 심리적 기능이나 신체적 기능에 비교적 영속적인 장애가 생긴 것이다. 이것은 내인성內因性 정신병이라고 불리는 조현병調絃病(정신분열병)이나 조울병과는 구별되는데, 그런 내용은 다른 책에 맡기고 여기서는 노이로제를 콤플렉스와 관련지어서 살펴보겠다.

노이로제란 어떤 콤플렉스가 자아에 영향을 미치고 그것이 신경증 증세로 나타나는 경우다. 신경증의 증세는 다양하지만, 본인이 그것을 병적인 증세로 받아들여 이상하다고 여기면서도 도저히 의식적으로는 고치지 못한다.

여기서 나는, 자아가 콤플렉스의 영향 아래에 있더라도 노이로제가 된 사람의 자아가 그렇지 않은 사람의 자아보다 반드시 약하다고는 할 수 없음을 강조하고 싶다. 자신은 '정상'이며, 노이로제인 사람은 자신보다 약하다고 생각하는 사람이 많은데 실상은 그리 간단치 않다. 위대한 예술가 중에 노이로제였던 사람도 많다. 우선 프로이트도 노이로제였다. 일본 야수파의 거장인 하야시 다케시林武 화백이 쓴 책인 『미에 살다美に生きる』를 읽어보면 그가 심한 노이로제로 고민했음을 알 수 있다. 이들 위대한 사람들이 이른바 '정상'인 사람보다 자아가 약하다고 쉽게 말할 수 있을까?

노이로제에 걸릴 것인지 아닐지는, 개인으로서의 자아와 콤플렉스의 상대적 힘의 관계에 달려 있다. 예를 들어보자. 배에 짐을 실을 때, 배가 작더라도 작은 짐을 실으면 문제가 없다. 즉, 이때는 정상이다. 하지만 아무리 배가 크다 해도 짐이 너무 무거우면 약간은 장애를 일으킬 것이다. 이런 경우가 노이로제다. 여기서 이 배가 침몰하면 끝이지만 장애를 계속 일으키면서도 끝까지 짐을 나르는 데에 성공한다면 이것이 '위대한 일'을 해내는 것이다. 배와 짐의 크기의 관계는 사람의 소질이나 환경에 따라 달라진다. 이때, 짐이 자신의 배에 비해 너무 무거우니 자기도 모르게 다른 사람 배에 짐을 좀 실어둔다거나 다른 배에게 끌어당겨 달라고 함으로써 자신의 배가 고장 나지 않도록 하면 어떨까? 이런 사람은 노이로제가 아니라는 의미에서는 '정상'이지만 타인에게 아마도 이런저런 피해를 입히고 있을 것이며, 때로는 범죄를 저지르고 있기도 하다.

프로이트는 노이로제가 콤플렉스로 인해 생겨나며, 콤플렉스의 존재를 의식화함으로써 치료할 수 있음을 히스테리 병례를 통해 명확하게 제시했다. 그리고 환자를 분석하다가 그의 콤플렉스의 중핵으로서 성적 외상 체험(예를 들어 여성이라면 유아기에 아버지로부터 성적 관계를 강요당했다는 등)이 존재하는 것을 알았다. 이를 통해 프로이트는 모든 콤플렉스의 근원으로 오이디푸스 콤플렉스를 생각하고, 그것과 관련지어서 신경증을 해명하려 했다.

여기서 프로이트의 신경증 이론을 간단히 살펴보자. 먼저 지금 제시했던 것과 같은 전환 히스테리의 예의 경우, 콤플렉스의 움직임은 완전히 억압되고 그 존재에 의한 불안도 전혀 느낄 수 없다. 그러나 콤플렉스의 활동이 전환되면서 신체기능 쪽으로 향하여 손발이 마비되거나 귀가 들리지 않거나 눈이 보이지 않는 등의 신체기능 장애가 일어난다고 생각할 수 있다.

프로이트에 따르면, 이것과 아주 유사한 병증을 나타내는 것이 불안 히스테리다. 전환 히스테리의 경우는 불안이 인식되지 않는 데에 비해, 불안 히스테리는 콤플렉스의 활동이 신체적인 것으로 전환되지 않고 다른 사물을 대상으로 삼는다. 예를 들어 말을 보면 불안을 느낀다거나 탈 것을 타기가 무서운 경우를 말한다. 불안 히스테리는 오늘날에는 오히려 공포증이라고 불리고 있는데, 프로이트는 자아가 콤플렉스의 존재로 인한 불안을 느끼고 있지만, 콤플렉스의 본래의 대상에 관해서는 억압이 작동하고 그것이 대상代償(보상)기제에 의해 말이나 탈 것으로 향해지고 있다고 설명했다.

다음으로 강박신경증은 '내가 사람을 죽이는 건 아닐까' 등의 관념이 언제나 떠올라서 어찌해볼 수가 없는 노이로제다. 이에 대해 프로이트는 다음과 같이 생각한다. 이 경우는 전환 히스테리처럼 심적 외상이 완전히 억압되어 있는 것이 아니라 외상 체험 자체는 기억하고 있지만, 그에 따른 감정은 억압되고 있다고 보았다. 말하자면 콤플렉스에 토대를 두고 있는 관념 내용이, 마치 알맹이를 잃은 껍데기처럼 감정이 빠진 채 되풀이되고 있는 것이다. 이 현상은 불안 히스테리가, 감정은 의식하면서 심적 내용을 억압하고 있는 것과 역逆관계에 있다고 볼 수 있다. 이것이 프로이트의 생각이며, 또한 억압되어 있는 콤플렉스가 성적인 성질을 띠고 있다고 여겼다.

이와 같은 노이로제에 대해, 불안신경증(불안만이 전면에 등장하는 것)이나 심기증心氣症(두통이나 요통 등 신체적인 고통이나 장해를 호소하지만 신체적 결함이 없는 것) 등은 정상적이지 않은 성생활 등에 의한 생리적 원인 때문이며, 콤플렉스에 의한 심리적인 원인이 아니라고 생각했다. 따라서 이들은 정신분석의 대상이 되지 않는다고까지 주장했다.

이상은 프로이트의 초기 생각을 아주 간단하게 소개한 것이며 오늘날의 정신분석은 이보다 진보하고 변화해가고 있다.

프로이트는 노이로제를 분류하며 원인을 심리적으로 설명했는데, 이에 대해 융은 '어떻게 치료할 것인가'라는 관점에서 생각할 때 이런 분류를 바탕으로 한 진단은 별로 의미가 없다고 주장했다. 노이로제 치료법은 커다란 문제이며 여기서 자세히 설명할 수는 없지만, 융은 치료자와 환자의 인간관계를 중시했으며 바람직한 인간관계를 만들기 위해서는 위와 같은 분류에 토대를 두고 객관적으로 진단하려는 태도는 오히려 치료자에게 마이너스가 된다고까지 생각했다.

그리고 치료를 진행하기 위해서는 환자의 콤플렉스 내용을 명확하게 하는 것이 중요하고, 그 콤플렉스는 임상적인 증상에 의해 명백해지기보다는 오히려 숨겨져 있는 편이 많을 정도이므로, 특별히 진단명을 붙여도 아무 의미도 없는 경우가 많다. 오히려 "진정한 심리적 진단은 치료의 마지막에만 명백해지는"(융「의학과 심리요법」) 것이므로 치료자는 선입견을 배제한다는 의미에서도 증상을 통한 진단에 얽매이지 않는 것이 좋다고 생각했다. 그리고 치료 과정은 콤플렉스의 내용을 명확하게 밝혀가는 것이지만, 그 내용을 반드시 성적인 것으로 제한하지 않고 다양한 경우를 생각할 수 있으며 개인차도 클 것이라고 보았다. 그런 이유로 융은 노이로제 분류에는 별로 흥미가 없었고 콤플렉스의 내용을 자아에 어떻게 통합해갈 것인가, 말하자면 그가 '자기실현(또는 개성화) 과정'이라 이름 붙인 것을 해명하는 데에 힘을 쏟았다.

융의 생각은 노이로제의 '증상 분류'보다는 '치료'에 무게를 두고, 치료할 때는 치료자와 환자의 인간관계를 중시하며, 그것을 명확하게 했다는 점에서 아주 의의가 크다. 오늘날 심리치료에 종사하고 있는 사람은 어떤 학파에 속하든지 융이 일찍이 지적했던 인간관계를 중시한다는 점에서는 차이가 없다고 말할 수 있을 정도이다. 그러나 나는, 실제로 노이로제를 치료할 때는 증세를 간파한 다음에는 증상에 따른 분류에도 주목할 필요가 있다고 생각한다. 분명히 융이 말한 대로 콤플렉스의 내용과 증상은 관계가 없지만, 콤플렉스와 자아 관계의 상태에 따라 증상에 의한 분류가 생긴다고 볼 수 있기 때문이다.

노이로제에 관해 자세히 쓰려면 그야말로 책 한 권 정도의 지면이 필요하지만, 앞에서 말한 생각에 토대를 두고 간단히 나의 의견을 논술하는 형태로 설명하고자 한다.

　히스테리의 경우는, 자아에 의해 완전히 억압된 콤플렉스가 존재하고 그 힘이 신체기능의 장애로 나타난다는 프로이트 이래의 생각을 완전히 받아들일 수 있다. 여기에, 장애를 받는 신체기능이 손발의 운동이나 시각, 청각 등 자아의 통제가 미치는 범위이므로, 이 억압된 콤플렉스는 자아와 꽤 가까운 곳에 존재한다고 생각할 수 있다.

　이중인격 및 그것에 가까운 인격분리 현상은 히스테리 상태에 약간 가깝다. 다만, 콤플렉스가 자아와 완전히 뒤바뀐다는 점이 극적이다.

　억울신경증(심인성 억울증)은 심리적인 원인 때문에 기분이 처지고 죄책감이 크며 아무 일도 못하게 된 상태다. 최근에는 억울신경증에 걸린 사람이 많아져서 대기업 간부사원의 자살이 증가하는 경향이라는 면에서 사회문제가 되고 있다. 이런 상태는 콤플렉스가 비교적 자아 가까이에 존재하며, 콤플렉스에 대한 억압은 히스테리만큼 강하지는 않다. 자아는 이 콤플렉스와의 대결을 예감하고 있지만, 그에 필요한 자아의 개혁에 대한 두려움이나 저항도 강한 상태다. 그 때문에, 참으로 행동하기 힘든 상황으로 내몰려 있는 것이다. 나아가는 것도 위험하고 물러서는 것도 위험한 상황에 몰렸으니 자살해버리는 사람이 나오는 것도 당연하다.

정신쇠약이라고 불리는 노이로제는 어쩐지 기운이 없고 아무런 의욕도 생기지 않는 상태다. 이처럼 노이로제에 걸린 사람은 주위에서 게으름뱅이라는 비난을 받고, 본인도 노력해보려 하지만 전혀 힘이 나지 않는다. 이 경우, 콤플렉스는 자아의 손이 미치는 범위에서 활동하고 있지 않다. 또는 콤플렉스 상호 간에 싸움이 있거나, 콤플렉스 상호 간에 에너지의 흐름이 있더라도 그것이 자아 쪽으로는 흐르고 있지 않다. 실제로 자아는 콤플렉스와의 바람직한 접촉이 있어야 거기서 에너지를 제공받는데 그것이 잘 이루어지지 않고 있는 것이다.

정신쇠약과 같은 기제로 인한 현상으로는 심기증도 있다. 이 경우, 근본적으로는 정신쇠약 상태가 존재하지만 자아는 그런 에너지 부족상태를 어떻게든 호소해보려고 두통이나 요통 따위를 만들어낸다. 이런 경우, 똑같이 신체적인 증상을 호소하고 있기는 하지만 히스테리와는 심리적 메커니즘이 다르다는 점에 주의하자.

불안신경증 역시 그저 강렬한 불안 발작이 있을 뿐, 심리적인 원인은 좀처럼 알기 힘들다. 이것은 자아가 불안정감을 호소하고 있지만 원인을 알 수 없으므로 처치 곤란이다. 그 현상이 자아구조 내의 단순한 불통합에 토대를 두고 있다면 치료도 간단하다. 그러나 그것은 강한 콤플렉스의 존재를 예감한 것일지도 모른다. 또는 훨씬 강력한 자아붕괴(조현병)의 전초일지도 모른다.

공포증은 불안신경증과 강박신경증의 중간적 존재이며 굳이 따지면 후자에 속한다. 고소공포, 첨단공포, 불결공포 등 여러 가지를 들 수 있다. 이것은 앞서 말한 불안 증상에 이어 자아가 어느 정도 콤플렉스의 침입을 받고 있지만, 콤플렉스의 내용을 명확하게 파악하고 대결하는 것을 두려워한 나머지, 뭔가 공포증상을 통해 콤플렉스의 고정화를 꾀하고 있는 상태라고 본다.

강박신경증은 앞에서 설명한 경향이 강한 것이다. 공포증의 경우는 침입해오는 콤플렉스를, 뭔가 한 가지에 대한 공포감이라는 것으로 고정화하고 있는데, 침입해오는 콤플렉스의 강도나 종류의 다양함에 따라 강박증상도 다양해질 것이다. 물론, 이때 콤플렉스의 내용은 어느 정도는 의식화되어 자아에 통합되지만, 그중에서 자아에 통합되기 힘든 것이 강박증상이 되어 나타난다고 생각할 수 있다.

프란츠 알렉산더Franz Alexander가 개념을 명확히 한 기관신경증器官神經症은 신체기능(히스테리처럼)이 아니라 신체기관에 장애가 일어나는 것이 특징이다. 이것은 넓게는 심신증心身症 문제와도 이어지는데, 이 경우 위궤양이나 어떤 종류의 피부병 등의 증상이 나타난다. 이때 콤플렉스의 존재는 자아에서 아주 멀찌감치 떨어져 있으며, 신체적으로 그 작용을 나타내고 있다. 하지만 히스테리의 경우처럼 자아방위로 인해 완전히 억압되어 있지는 않으며 자아에게도 정신적인 고통을 주고 있는 경우가 많다.

이상과 같이 일단 단순하게 설명을 해보았는데, 이들이 서로 겹치거나 그 중간적인 존재가 많다는 것도 잊으면 안 된다. 증상 사이에 이행이 일어나는 것도, 자아와 콤플렉스의 관계 변화에 대응해 나타나는 것이므로 당연하다.

다음으로 중요한 것은, 이런 신경증 증상이 단기간에 일시적으로 생기는 경우와 장기간에 걸쳐 계속되는 경우가 있다는 사실이다. 우리의 삶이 언제나 콤플렉스와의 대결에 의해 자아를 확대해가는 것임을 생각하면, 정상인이라도 어떤 시기에 일시적으로 신경증 상태에 빠지는 건 당연하다. 특히 자아를 확대할 필요가 있는 청년기에는 대부분의 사람이 약간씩이라도 이런 경험을 했을 것이다. 증상이 장기간에 걸쳐 고정되어 있는 경우가 진정한 신경증이라 할 수 있다. 그런데 어느 경우든 증상은 같으므로, 심리치료를 할 때는 치료 기간을 예측함에 있어, 두 경우를 구별하는 것이 중요하다.

지금까지 쓴 노이로제의 분류를 하나의 비유로 나타내보겠다. 인생을 항해에 비유하는 사람이 많으니, 아직 원양항해가 발달하지 않았던 시절에 배 한 척을 어느 원주민의 항구에 대어 무역을 시작한다고 생각해보자. 이야기를 단순화하기 위해, 고찰 대상으로서, 선장, 배, 원주민과 교섭해서 무역품을 결정하는 담당자, 이 세 가지를 들어보겠다. 여기서 선장은 자아의 중심이며 그 주체성, 판단력을 뜻한다. 배는 자아의 전체적인 능력, 통합 가능성을 뜻한다. 원주민과의 교섭 담당자는 일단 자아방위 기능이라고 해두자. 원주민과 무역품은 콤플렉스를 상징한다. 말하자면, 이 콤플렉스와 교섭을 잘해서 배에 알맞은 짐을 싣고 출항하는 것이 목적이다.

히스테리는 교섭 담당자가 배에 실을 수 없다고 멋대로 판단해서 버린 상품이 배의 스크루에 걸린 경우다. 교섭담당자(자아방위)가 강력하고 선장과의 소통이 불충분하다는 데에 문제가 있다. 선장은 무슨 일이 일어났는지 모른 채, 그저 배가 움직이지 않는 것을 이상하게 여기고 있다.

이중인격 역시 교섭담당자가 강력해서 원주민과의 교섭이 가치가 없다며 접촉을 끊어버린 경우다. 그런데 뒤쪽으로 돌아온 원주민이 선장에게 억지로 배를 움직이라는 명령을 내리고 있다.

억울증抑鬱症은 교섭담당자가 많은 무역품을 얻거나 떠맡아왔는데 선장이 '모두 싣기에는 배가 작다'고 말하면서도 짐을 남겨두는 것도 서운해하는 경우다. 원주민은 점점 더 짐을 팔아치우러 몰려오는 상태다. 교섭담당자(자아방위)도 필사적이고, 선장도 필사적이긴 하지만 우유부단하다. 소중한 배를 개조하려다 실패해서 배가 부서져도 안 되지만, 기껏 얻은 짐을 산더미처럼 남겨두는 것도 유감스럽다. 이럴 경우, 고민 끝에 선장이 결국 바다에 몸을 던져 자살해버릴 가능성도 높다. 이때 만약 배를 성공적으로 개조해서 짐을 싣는다면 이보다 더 좋을 순 없을 것이다. 실제로 억울증인 사람의 심리치료에 성공했을 때, 그 사람은 이전보다 성장했다고 명백히 인정하는 경우가 많다.

그런데 여기서 선장이 과감하게 짐을 남기고 출발한다면 어떨까? 그럴 경우 배는 '정상적으로' 운항한다. 그런데 종종, 선장은 남긴 짐이 걱정되어 돌아오는 경우가 많다. 이리하여 억울 증상은 되풀이된다. 아무튼, 억울증은 잘만 하면 대성공할 가능성도 있지만 우유부단한 주제에 책임감만 강한 선장의 자살 가능성만으로도 상당히 골치 아픈 증세다.

정신쇠약은 아직 원주민과 교섭이 이루어지고 있지 않거나 원주민 사이에 싸움이 있어서 교섭이 시작되지 않은 상태다. 선장은 그저 빈둥거릴 뿐 뾰족한 수가 없다. 게다가 식량이 줄어들면 선장 자신도 투덜거리기 시작한다(이것이 심기증이다). 기다리다 지친 선장은 가끔 낚시질이나 하러 다니는 바람에 주위에서 심한 비난을 받는 일이 많다. 심기증인 사람은 몸이 나른하다는 등의 이유로 일은 쉬면서 때때로 노는 일에 열중하기도 해서 게으름뱅이라고 비난받는 일이 많다.

불안신경증은 선장이 '쿵!' 하는 불길한 소리를 들은 상태다. 그 소리가 뭔지는 모른다. 배가 고장 난 것인지, 원주민들 간의 싸움인지, 커다란 짐을 갑자기 실은 건지, 또는 훨씬 무서운 화산의 폭발인지 불분명하다. 선장으로서는 되도록이면 신변의 안전을 지켜야겠다고 생각하는 것 말고는 방법이 없다. 그러나 이 상태는 별로 오래 계속되지 않고 다른 상태로 이행하는 일이 많다. 즉, 불안의 원인을 알게 되면서 상태가 명확해지는 것이다.

공포증이나 강박신경증은 원주민의 힘이 강력해서 다양한 물건을 강제로 팔러 온 경우다. 또는 교섭담당자의 판단이 미숙해서 여러 가지 물건을 너무 많이 사버린 경우도 생각할 수 있다. 그래서 선장이 그 물건들을 정리하느라 혼선을 빚고 있는 것이다.

기관신경증이나 심신증은 이 비유의 범위를 넘어선다. 즉, 마음의 문제뿐 아니라 몸의 문제도 고려해야 하므로 단순한 예로는 설명하기 힘들다. 일단, 원주민의 힘이 강하고 선장이나 교섭담당자뿐만 아니라 배까지 부서지려 하는 상태라고 생각해두자.

정신병도 이런 예의 범위를 벗어나긴 하지만, 폭풍우가 몰아쳐서 선장과 배, 그리고 원주민까지 손해를 입은 상태라고 생각해보는 것도 재미있을 것이다. 손해 정도에 차이가 있으므로 회복 가능성도 약간은 있겠지만 파괴의 성질이 지금까지 말한 노이로제와는 다르다.

위에 든 예를 통해, 노이로제가 생기는 것은 어느 정도 선장, 배, 교섭 담당, 원주민의 상대적 관계 때문이며, 노이로제일 때는 반드시 선장이 약하거나 원주민이 강하다고 말할 수 없음을 알았을 것이다.

예를 들어, 선장도 똑 부러지고 배도 튼실하더라도 짐을 너무 많이 실으면 문제가 생기는 것이다. 여기서 선장, 배, 교섭 담당자, 또는 원주민의 힘이 어떻게 결정되는지를 알려면 그 사람의 소질이나 환경까지 살펴봐야 한다. 이 요소들을 전혀 고려하지 않고 콤플렉스와 자아의 관계만을 비유했지만, 신경증 이론에서는 당연히 타인의 소질과 환경, 마음과 몸의 관계 등을 고찰해야 한다. 그러나 그것들은 이 책의 범위를 넘는 것이므로 생략했다.

지금까지 비유한 예에서 알 수 있듯이 심리요법을 행하는 사람은, 결국은 콤플렉스를 해명하는 일이 목적이긴 해도, 예를 들어 불안신경증이나 정신쇠약의 경우 등에는 콤플렉스를 해명하기 전에 이루어져야 하는 것이 있다. 그것은 원주민과 교섭을 하기 전에 선장의 기운을 북돋아주거나 위로하거나 배를 점검하는 등의 일, 말하자면 자아를 강화하는 일이다.

노이로제는 어려운 문제인 만큼, 이러한 예를 든 설명은 그 일면을 비춘 것에 불과하지만 고찰은 이 정도에서 멈추고 다음 문제로 넘어가겠다.

3. 인간관계와 콤플렉스

지금까지 이야기한 것들을 보더라도 콤플렉스가 인간관계에 영향을 미친다는 것을 알았겠지만, 그 점에 대해 조금 더 생각해보자.

먼저, 콤플렉스에는 감응현상이 존재한다고 말하고 싶을 정도로, 동종의 콤플렉스는 서로 영향을 주고받는 것 같다. 예를 들면, 강한 콤플렉스를 가진 사람을 접하면, 어쩐지 이쪽의 콤플렉스까지 자극을 받아 활동을 시작하여 불안정한 느낌이 드는 것이다. 스티븐슨의 소설 『지킬박사와 하이드』에는 이 상황이 정교하게 묘사되어 있다. 그것은 하이드를 본 사람이 아무 이유 없이 강한 혐오감과 심지어 구토감까지 느낀다는 점이다. 단지 그 인물을 만났다는 것만으로 별 이유 없이 느끼는 감정에는 이런 콤플렉스의 상호작용에 따른 것이 많지 않을까?

융은 그의 자서전 『칼 융: 기억, 꿈, 사상』에서 아주 흥미로운 체험담을 이야기하고 있다. 그에게 상담하러 온 어느 부인이 20년 전에 삼각관계 때문에 친구를 독살했다고 고백했다. 그 사건은 들키지 않았고, 그 결과 그녀는 마음에 둔 사람과 결혼했다. 승마가 취미인 그녀는 말을 몇 마리 기르고 있었다. 그런데 그 말들이 점점 신경질적으로 변하더니 그녀가 가장 좋아하던 말까지 명령을 듣지 않게 되어 마침내 승마를 포기하고 말았다. 콤플렉스의 존재에 대해서는 동물이 더 강한 감수성을 갖고 있는 것은 아닐까? 확실히 아이들이 어른보다 감수성이 예민한 것 같다. 겉보기에는 열성적이고 좋은 선생님 같지만 많은 학생들이 '어쩐지' 싫어하는 교사 중에는 콤플렉스가 강한 사람이 많다.

여기서 감수성이라는 말을 썼는데, 이것과 콤플렉스는 어떻게 관련되어 있을까? 콤플렉스가 감응현상이 있다면, 적당히 콤플렉스를 갖고 있는 사람이 감수성이 예민한 건 아닐까? 예를 들어 내가 열등감 콤플렉스가 아주 강한 인간이라고 하자. 그러면, 어떤 모임에서 이야기를 나누다가 누군가 머뭇거릴 때, 다른 이들은 신경을 쓰지 않더라도 나는 저 사람이 이런 데에 열등감을 갖고 있음을 느낄 수 있다. 그렇다고 한다면, 열등감 콤플렉스로 고민하고 있는 내가, 그중에 가장 감수성이 예민한 사람인 건 아닐까?

　이 문제의 해답을 구하려면 자아와 콤플렉스의 관계가 문제다. 앞에서 쓴 경우와 같은 일이 일어나는 것도 분명한 사실이지만, 이때 자아에 비해서 콤플렉스의 힘이 너무 강하면 상대가 약간의 열등감만 갖고 있어도 그것을 아주 강한 열등감처럼 느껴버리는 일이 많다. 말하자면 타인의 콤플렉스를 자신의 콤플렉스를 통해 함부로 증폭시켜 현실을 무시한 판단을 내려버리는 것이다.

　여기서, 자아와 콤플렉스의 관계를 바라볼 때, 자아가 그것을 상당히 잘 통합하고 있으면 콤플렉스에 의해 감응한 것을 자아가 현실에 비추어 판단을 내리므로 이때는 감수성이 강하다고 할 수 있다. 콤플렉스가 강한 사람은 망가지기 시작한 라

디오처럼 누군가가 옆을 걷는 것만으로도 '느끼는데' 그것은 감도가 예민한 것이 아니라 '상처받기 쉬운' 것이다.

물론 실제로는 이처럼 간단히 분류해버릴 수는 없으며, 감수성이 예민하고 상처받기 쉬운 사람이 있는 것도 사실이다. 다만 콤플렉스를 억압하고 접속이 끊어져 버린 사람은 안정은 되어 있지만 감수성이 둔한 것도 사실이다.

자신의 강력한 콤플렉스를 일종의 '안테나'로서, 타인의 콤플렉스나 거기서 비롯된 실패나 좋지 않은 일을 탐지해내어 그것을 미끼삼아 살아가는 사람도 있다. 이런 사람에게 그 콤플렉스는 중요한 '밥벌이 수단'이 된다.

앞에서 쓴 투영이나 보상의 기제는 대인관계에서 강력하게 작용하고 있다.

콤플렉스의 투영이 집단적으로 일어나면 이른바 '스케이프고트scapegoat(희생양)' 현상이 된다. 집단 성원이 자신들의 공통된 콤플렉스를 한 사람의 인간(또는 하나의 소수 집단)에 투영한다. 가장 유명한 예는 나치 독일의 유대인 박해다. 그러나 이것은 먼 독일에서 일어난 사건에 그치지 않고, 우리 주변 사람들, 그리고 어쩌면 우리 자신이 저지르고 있는 일이기도 하다.

누군가를 희생양으로 삼음으로써 집단은 하나로 뭉치기 쉬워진다. 예를 들면, '유대인이 나쁘다'라는 슬로건을 토대로 하나로 뭉쳐 나쁜 부분을 유대인에게 떠넘겨버릴 수 있다. 이것은 쉽지만 안일한 방법이며, 튼튼한 것 같지만 깨지기 쉬운 집단구조이다. 뭐라 해도 그것은 현실을 무시한 토대에 세워진 구조이기 때문이다.

이와 비슷한 현상으로 콤플렉스를 공유한 집단구조라는 현상도 있다. 예를 들어 열등감 콤플렉스가 강한 사람들이 모였을 때, 그것을 암암리의 공유물로 삼은 다음 다수의 힘을 믿고 허세를 부리거나 열등감에 대한 반동형성을 통해 스스로를 지키려 한다. 이른바 불량소년 집단 등이 그렇다.

이런 집단의 결속력은 아주 단단하다. 이 집단을 벗어나면 개인으로서 자기 자신의 열등감 콤플렉스와 대결해야만 하기 때문이다. 그것은 너무나 두려운 일이다. 이런 집단 안에서 안주하고 있는 한, 그 집단은 형용하기 어려운 따뜻함을 가진 장소가 된다.

우리가 이른바 불량소년 집단에 속해 있는 소년을 치료할 때 가장 거대한 난관이 바로 이 부분이다. 그들도 마음속에서는 이런 집단과는 헤어져 성실하게 살아야겠다고 생각한다. 하지만 우리의 도움을 빌려 그 생각을 실현하려고 노력할 때에, 그 집단의 '따뜻함'에서 떨어져나가는 쓸쓸함을 견디지 못하는 이들이 많다. 성실하게 살려고 하면 분명히 칭찬해주거나 도움을 주는 사람이 나타난다. 그러나 거기엔 그들이 바라는 그런 따뜻함이 없다. 이럴 때 그들은 성실해지고 싶다고 생각하면서도 예전 그룹으로 되돌아가고 만다.

콤플렉스의 공유 현상은 불량소년뿐만이 아니다. 우리의 부부관계, 친구관계, 다양한 그룹 안의 인간관계 속에 존재하고 있다. 콤플렉스의 공유는 그 집단의 구성원을 이어주는 최대의 끈이며, 콤플렉스의 강도가 강한 만큼 그 강력한 연대감이 구성원의 개성을 죽이는 방향으로 작용하기 시작한다. 이 현상은 강한 콤플렉스가 개인의 자아의 존재를 위협하는 것이나 마찬가지다. 그러다가 집단 구성원이 이 상황을 의식하기 시작하고 스스로 그 콤플렉스와 대결해서 통합해갈 때, 그는 집단 밖으로 나가지 않을 수 없을 것이다. 그때 집단의 다른 구성원들은 그 사람을 공격하거나 비난하거나, 또는 예전의 '따뜻한' 관계를 상기시키려고 할 것이다. 그러나 집단 안에 안주하지 않고 스스로 콤플렉스와 대결해서 자신의 개성을 살리려 한다면, 그는 그런 따뜻한 인간관계를 끊어야만 한다. 자기실현의 길은 고독한 법이다.

보상의 기제도 많이 쓰인다. 내가 미국과 유럽에서 많이 접했던 예를 제시해보겠다.

어느 미국인 부부가 있었다. 부부 모두 지적인 사람들이었다. 아이들은 결혼해서 이미 독립해 있었다. 그래서 허전하기도 해서 일본인 여자 유학생을 하숙시키기로 했다. 그런데 이 부부의 아이들은 부모가 내심 바라던 것과는 다른 배우자를 선택했다. 그러나 '아이의 개성과 판단은 마땅히 존중되어야만' 하므로 부모는 그들을 받아들여 잘 지내고 있었다.

일본인 유학생은 그것을 보고 일본 부모들의 심한 간섭에 비하면 정말 훌륭하다고 생각했다. 또한 미국인 부부도, 미국인이 얼마나 아이들의 개성을 존중하는가, 얼마나 합리적인 판단에 근거해서 감정적인 반응을 억제하는지를 그녀에게 가르치는 동시에 자랑하고 있었다. 그런데 이 여자 유학생이 연애를 시작하자마자 부부가 맹렬하게 간섭하기 시작했다. 물론 그것은 언제나 '합리적 판단'에 근거를 두고 있기는 했다. 그녀는 미국인 남자친구를 사귀어서는 안 되었다. 국제결혼은 너무나 힘든 일이므로. 또는 미국의 젊은 남성은 분명 그녀에게 어울리지 않는 점이 있을 터이므로(이때 자신들의 사위의 마음에 들지 않는 점을 증거로 댔다). 그리고 마지막에 부부는 자신들이 그녀에게 어울리는 일본인 남자친구를 찾아주겠다고 했다. 그러나 거기에는 '그녀의 판단력이 아직 성숙하지 못했으므로 마땅히 자신들이 도와주어야만 한다'는 합리적인 이유가 붙어 있었다.

여기서 일본인인 그녀가 이 미국인 부부의 아이들의 보상이

된 것은 타인이 보기에는 명백하다. 다만 당사자들이 자신들을 합리화하여 그것을 깨닫지 못하고 있을 뿐이다. 그들은 자신의 아이들에게 본의 아닌 결혼을 허락했을 때 잃어버린 것을 일본인인 그녀로부터 강제로 얻으려 하고 있는 것이다. 이것은 흔히 일어나는 일이다.

사실은 본인이 피해를 끼치고 있는 주제에, 그것을 마음대로 심리적인 아들이나 딸로 비유하고는 일방적으로 친절을 베푸는 사람이 있다. 이런 사람은 자기 아이들에 대해서는 뜻밖에 냉담하거나 무관심한 경우가 많다.

그런데 앞의 미국인 예에서 한 가지 의문이 생겨난다. 부부가 자신의 아이들에게 간섭하지 않았던 것은 훌륭한 일이다. 그럼 만약 일본인 여성이 하숙인으로 나타나지 않았다면 그들도 아이들에 대한 독점 콤플렉스 따위를 맛보지 않아도 되지 않았을까? 미국인과 달리 일본인 여성은 독점 콤플렉스를 자극하는 힘이 강하다. 그러므로 이 경우는 일본인 여성에게 원인이 있으며, 그렇기 때문에 이 부부는 하지 않아도 될 경험을 하게 된 건 아닐까?

하지만 다음과 같이 다르게 생각할 수도 있다. 이 부부는 아이들에 대한 독점 콤플렉스를 무리하게 억압해 합리화하면서 지내왔는데 슬슬 노경老境에 들어갈 나이가 되어 그 콤플렉스를 점점 억누를 수 없게 된 상태였다. 하지만 자신의 아이들을 상대로 그렇게 할 수 없다는 건 명백하다. 그래서 그런 대상으로 가장 어울리는 일본인을 하숙시키자고 무의식 중에 계획한 건 아닐까? 즉, 이 이야기의 원인은 부부의 콤플렉스에 있다는 생각이다.

이런 식의 원인 논쟁을 우리는 몇 번씩이나 듣는지 모른다. '도대체 진짜 원인은 어느 쪽인가?', '도대체 누가 나쁜가? 남편이 원인인가, 부인이 원인인가?' 등등. 이 논쟁들에 대해 나는 이렇게 생각한다. 이럴 때 어느 쪽이 원인인지는 중요하지 않다. 오히려 어떤 인간의 내계의 콤플렉스와, 그 외계의 사상 사이에 멋진 배치가 만들어져 있는 것이 중요하다. 이 외계와 내계의 상황의 불가사의한 호응성은 참으로 놀랍다. 이럴 때는 그 원인은 묻지 않고 배치가 형성되어 있다는 사실에 주목한다. 그리고 자아는 그런 배치의 의미를 알아내는 일에 노력을 기울여야 한다고 생각한다.

요컨대 이 경우, 미국인의 자아를 예로 들면, 슬슬 노경이 시작되려는 바로 그때, 홀연히 나타난 외국인 처녀에 대해서 이렇게까지 독점욕을 불태운 것, 그리고 이에 비해 자신들의 아이들에 대해서는 무관심이라 해도 좋을 정도의 태도를 보여 온 것, 이런 것들을 깊이 생각해보면 이 사람의 자아는 지금까

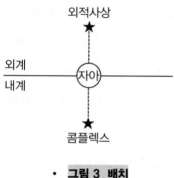

외적사상
★

외계
━━━━━━━━(자아)━━━━━━━━
내계

★
콤플렉스

- **그림 3 배치**

지 합리화라는 기제로 방위하여 의식화해본 적이 없던 하나의 콤플렉스와의 대결을 강요당한 것이다.

자신들이 나쁜지 하숙인으로 나타난 소녀가 나쁜지를 고민하기보다는 여기에 대결을 강요당한 콤플렉스—다른 미국인은 별로 경험하지 않는 일일지도 모르지만—에 정면으로 맞서는 것이 중요하다. 내밀어진 잔은 마셔야만 하기 때문이다.

이러한 생각은 다음 장에서 살펴볼 콤플렉스의 해소 문제로 이어진다.

제4장 콤플렉스의 해소

지금까지 콤플렉스 때문에 생기는 문제행동을 알아보았는데 이제는 그런 콤플렉스를 어떻게 해소할 수 있는지 살펴보자. 또한 제3장 첫머리에 자아와 콤플렉스의 관계를 이야기하면서 ④에서 들었던 자아와 콤플렉스의 바람직한 관계에 대해서도 이야기해보자.

그러나 지금까지 이야기한 것으로 미루어 알 수 있듯이 콤플렉스의 '해소'라고 해도 간단히 사라지지는 않는다. '해소'라는 용어가 오해를 부를 수도 있겠지만 그렇게 부르는 것이 알기 쉬우므로 일단 이런 제목을 써보았다. 콤플렉스를 해소하려면 엄청난 노력이 필요하다는 사실을 잊어서는 안 된다.

1. 콤플렉스와의 대결

알기 쉬운 예로 학교공포증을 들어보자. 학교공포증 또는 등교거부증은 본인도, 그리고 주변 사람들도 왜 그러는지 확실한 이유는 모르지만 학교에 가지 못하게 된 상태로, 요즘 들어 급증하고 있는 현상이다. 학교공포증의 원인은 다양하지만 그 중핵이 되는 것은 어머니와의 관계인 것 같다.

어느 중학생 남자아이가 학교거부증을 보였다. 그런데 이 아이의 가족 구성은 조금 특이했다. 어머니와 상당히 나이차이가 많이 나는 언니, 요컨대 아이의 이모가 함께 살고 있고, 아이는 이모를 '큰엄마'라 부르며 매우 따르고 있었다. 이모가 결혼도 하지 않고 장사에 힘을 쏟아 기울어진 집안을 일으키고, 동생(아이의 어머니)의 남편감을 데릴사위(즉, 아이의 아버지)로 집안에 들이기도 했다. 그 때문에 확실히 이모는 이 집의 '큰엄마'였고 데릴사위로 들어온 아이의 아버지 역시 고개를 들지 못했다. 아버지는 성실하고 일도 잘했지만 아이들 일에는 참견을 하지 않았다(아니, 참견할 수 없었다고 해야 할 것이다).

아이가 학교공포증을 보였기에 이모의 걱정은 이만저만이 아니었다. 마침내 어느 심리치료사에게 치료를 받기로 했다. 그런데 이모는 장사의 중심인물이므로 함께 오지 못하고, 대신 어머니가 함께 오게 되었다. 생각해보면, 이 어머니가 처음으로 맡은 어머니 역할이라고 말해도 좋을지 모르겠다. 그때까지는 입학이든 졸업이든 이모가 돌봐주었고, 어머니는 오히려 작은 이모, 때로는 가정부 같은 존재였던 것이다.

이 경우 우리가 보기에 아이가 학교에 가지 못하는 이유는 명백하다. 아이가 태어나서 자라는 데에는 어머니의 따뜻한 보호가 필요하다. 그러나 아이가 성장해가기 위해서는 어머니로부터 서서히 독립해가야 한다. 이 아이의 내적체험으로 말한다면, 어머니 콤플렉스 속에 잠겨서 안주하고 있던 자아가 그 콤플렉스에서 분리해가야만 하는 것이다. 이것은 자아가 어머니 콤플렉스와 동일화하고 있다기보다는 그 이전의 모습이며, 애당초 자아 자체가 아직 뚜렷이 형성되어 있지 않다. 자아가 형성되기 위해서는 어머니 콤플렉스와 분리되어야만 한다. 그러나 그것은 고통스러운 일이다. 너무나도 불안하다. 또한 한편으로는, 이대로는 안 된다는 마음의 움직임도 강해서, 그러한 갈등 상태 속에서 소년은 학교에 가지 못하고 있는 것이다.

심리치료를 받으러 온 어머니와 아들은 각자 다른 치료자와 대면하여 이런저런 가족의 일, 성장과정 등을 이야기했다. 그것이 앞에서 간단히 소개한 내용이다. 그러는 동안에 하나의 사건이 일어났다. 이 소년이 "하숙을 시켜주면 등교하겠다"고 말하기 시작해, 그 사항을 가족과 의논했다. 물론 이모는 크게 반대했다. 그러자 소년은 이모에게 결코 해서는 안 될 말을 했다. "큰엄마가 도대체 뭔데요, 결혼도 안 한 엄마가 어디 있어요!"라고 말한 것이다.

소년은 하숙을 하게 되었고 '큰엄마'는 앓아눕고 말았다. 그러나 하숙을 해도 소년은 학교에 가지 못했다. 어쩐지 기분이 축 처지고 학교에 가려 해도 아침에 일어나지 못하는 등, 아무리 해도 가지 못하는 것이다. 2, 3일이 지난 밤, 개가 너무나 시끄럽게 짖어대는 바람에 소년은 문득 집에 돌아가볼까 하는 생각이 들었다.

돌아오는 길에 소년은 사실은 자신이 큰엄마를 만나고 싶어서 돌아간다는 것을 깨닫기 시작했다. 돌아가자마자 소년은 드러누워 있는 큰엄마에게 갔다. 두 사람 모두 할 말이 산더미처럼 많았지만 아무 말 못하고 손을 맞잡고 울기만 했다. 그 뒤 일주일도 지나지 않아 소년은 하숙을 때려치우고 학교에 갔다. 그 뒤, 이 집의 가족관계에 변화가 생겼다. 큰엄마는 장사의 실권을 동생 부부에게 넘기고 자신은 뒤에서 협력하기로 했다. 소년은 여전히 이모를 큰엄마라고 부르고 있다. 그러나 심리적으로는 '너무나 좋아하는 이모'로서의 관계에 점점 가까워지고 있음을 알 수 있다.

사례를 좀 길게 썼는지도 모르겠다. 그러나 여기서 네 사람의 마음속에 흘렀던 감정을 모두 쓴다면 한 편의 소설이 될 것이다. 나는 소설은 못 쓰니 건조한 심리학적 해설을 해보겠다.

두 명의 어머니를 갖는다는 기묘한 상태가 상징적으로 나타내듯이 소년의 어머니 콤플렉스는 강력했다. 그런데 중학생이 되자 소년의 자아는 자립을 지향하기 시작해 어머니 콤플렉스와의 분리를 꾀하려 했다. 이것은 한편으로는, 소년의 어머니 콤플렉스 '해소'라고 말할 수 있을지 모른다. 그러나 해소하기 위해 소년은 그 콤플렉스와 대결을 해야만 했다. 즉, 외적으로 말하면 큰엄마와의 대결을 필요로 했다. 그 정점에서 일어난 큰엄마에 대한 소년의 비난, '큰엄마가 뭔데요'라는 발언은 이 여장부 여성의 가슴에 꽂힌 일종의 비수였다.

이것은 좋은 일이었을까? 이 이야기를 이모 입장에서 생각해보면 어떻게 될까? 결혼도 포기하고 동생 부부의 행복을 위해 일하고, 조카도 어버이 같은 심정으로 대했다. 소년은 자신을 따랐고 자신을 엄마처럼 생각한다고 믿어 의심치 않았다. 그런데 이제 자신도 노인이 되어가면서 슬슬 노후를 걱정하기 시작하던 때에, 가장 의지 삼고 있던 소년한테서 매우 심한 말인 '결혼도 안 했으면서……'라는 말을 정면에서 듣고 말았다. 이 여성의 입장이라면 소년을 비난하고 싶어지지 않을까?

여기서 특히 강조하고 싶은 것은, 콤플렉스의 해소란 이처럼 괴롭고 무시무시한 때가 있다는 것이다. 융이 콤플렉스라는 용어에 '감정으로 물든'이라는 형용사를 붙이고 있듯이, 콤플렉스의 내용은 감정으로 굳어져 있다. 그것은 사실 '해소'라기보다는 '폭발'에 가까운 현상을 통해서야 비로소 극복된다.

소년이 이모를 공격하고 하숙으로 뛰쳐나간 행위는 심리학적으로 어떻게 설명될까? 이것은 소년의 마음속에서 싹트기 시작한 자아가 독립의 콤플렉스와 동일화해서 생겨난 행동이다. 이 행동은 자아와 콤플렉스의 관계로 볼 때, 88쪽에서 예로 들었던 가출소년과 같은 현상이며 결코 칭찬할 만한 행위는 아니다. 그러나 이런 동일화에 의한 폭발행동 없이 소년의 자립은 어려웠다. 그렇게 생각하면 이런 식의 폭발은 역시 필요한 것이었다.

대결이라는 말을 선택한다면, 이 폭발 행위 자체를 가리키기보다는 오히려 소년이 하숙으로 옮기고 난 뒤에 가족들 각자의 마음속에 일어난 현상이야말로 대결이라 불러야 할 것인지도 모른다. 하숙집에서 소년은 큰엄마에게 무심코 심한 말을 한 것을 반성하거나 학교에 가지 못하는 자신이 한심하다고 생각했을 것이다. 앓아누운 이모의 마음속에도 반성과 분노와 절망감이 휘몰아쳤을 것이다. 이들 감정이 폭풍과 대결한 다음에 사태는 호전된다.

각 개인의 마음에 휘몰아쳤던 감정의 폭풍. 콤플렉스의 '해소'에는 바로 이런 감정의 폭풍이 필요하다. 이모는 소년에 대해 분노하고 괴로워하며, 소년은 분명 '그런 집에 내가 돌아갈 줄 알아!' 하고 생각했을 것이다. 그리고 사흘이 지난 밤에 '개가 시끄럽게 짖어대서' 소년은 집에 돌아가보려고 생각한다. 여기서 소년의 자립이라는 점에서 보면, 집으로 돌아가지 않고 하숙집에서 끝까지 버티는 것이 진정한 자립이라고 생각할 수는 없을까? 나는 그렇게 생각하지 않는다. 그것은 자립이 아니라 고립이다. 자립한 이는 타인과의 관계를 가질 수 있다. 고립된 이는 관계를 거부한다. 그것은 자립 콤플렉스에 자아가 납치되어 있는 것일 뿐, 자아가 자립을 획득한 모습은 아니다.

소년이 큰엄마와 손을 맞잡았을 때 그것은 지금까지의 관계와는 다른, 각자 자기 발로 버티고 선 두 명의 인간으로 손을 맞잡은 관계를 확립한 것이다. 그때까지의 두 사람은 관계 이전의 상태였다. 두 사람 모두 어머니 콤플렉스에 빠져 있었으며, 그것을 '해소'하려면 대결이 필요했다.

여기서, 소년이 이모와 격렬하게 말다툼했다는 것만을 중시해서는 안 된다. 거기에 이르기까지 소년은 치료자와의 대화를 통해 자신이 처한 입장을 명백하게 인식했고, 또한 하나의 폭발을 일으킬 힘을 모으고 있었다. 한편, 어머니 역시 치료자와 대화하면서 소년의 어머니로서의 자각을 강하게 하고, 또한 한 사람의 여성으로서도 성장해 있었으므로, 소년의 폭발적 행위와 그 뒤에 일어난 일련의 사태 수습의 버팀목이 될 수 있었다. 이런 대화와, 소년이 집으로 돌아온 뒤의 가족의 노력, 즉 소년과 이모의 화해, 소년의 부모가 이모의 주도권을 이어받아 장사에 온힘을 기울인 일 등이 있은 뒤에야 비로소 소년의 폭발적 행위가 건설적인 결과로 이어졌음을 기억하자.

말하자면, 콤플렉스가 자아에게 억압되어 서서히 힘을 쌓아 가기 이전에 자아가 콤플렉스와 적절한 접촉을 갖고 때때로 작은 폭발을 동반하거나 그 내용을 자아에게 통합해가는 노력을 계속한다면, 너무나도 극단적인 폭발을 피하면서 안전한 상태로 성장이 지속될 수 있으리라 생각한다. 이럴 때 자아는 콤플렉스와 바람직한 관계에 있을 수 있다.

콤플렉스의 해소는 반드시 고통스럽지만은 않다. 예를 들면, 제2장 네 번째 단락에서 들었던 대인공포증 여성의 경우 등은, 카운슬링을 통해 콤플렉스를 해소해가는 일이 오히려 즐거웠을 것이다. 이것은 그녀의 자아가 상당히 발달해 있어서 대인공포증에 대립하면서 출현한 콤플렉스의 힘보다 강했기에, 콤플렉스를 통합하기가 별로 고통스럽지 않았기 때문이다. 물론, 대인공포증은 괴로웠겠지만 그 고통을 극복할 수 있을 만큼 강한 자아를 갖고 있었던 것이다.

이들 예에서 나타나듯이, 콤플렉스를 해소하기 위해 심리치료사와 많은 대화를 나누는 일은 중요하다. 지금까지는 뚜렷하게 의식하고 있지 않았던 사항을 대화를 통해 명확하게 해가는 것이다. 하지만 이러한 대화는 일반인이 상상하는 '대화 무드'와는 달리 달콤하지는 않다. 그것은 앞에서도 말했듯이 자신의 '열등성의 인식'을 동반하는 가혹한 일이다. 비유적으로 말하면, 자아와 콤플렉스의 바람직한 관계란 양자 사이에 대화가 성립해 있는 것이라고도 말할 수 있다.

지금까지 '대결'이라는 말을 쓴 이유는 대화라는 단어가 주는 달콤한 관계를 연상시키지 않게 하기 위해서지, 대적이나 공격이 좋다는 말은 아니다. 예를 들면 제2장에서 들었던 '이중인격' 야마다 소년 사례에서 치료자가 '나쁜 마음'에 대한 강한 공격만으로는 안 된다는 것을 깨닫고 '끈질긴 설득'을 시도한 것은 시사적이다. 결국, 이런 대화를 통해 치료가 성공하는데, 나쁜 마음이 다른 사람에게 빌붙어서 나가겠다고 했을 때 치료자 자신에게 붙어보라고 할 정도의 강한 대결 자세도 무너뜨리지 않고 있다는 것에 주목하고 싶다.

콤플렉스 해소에 필요한 것은 애정을 배경으로 한 대결과 솔직한 대화라고 말할 수 있다.

2. 트릭스터

자아가 콤플렉스에 대해 접촉을 끊지 않고 그 내용을 조금씩 통합해갈 때 자아는 바람직한 발전을 추구할 수 있으며, 그렇게 되면 문제가 없다고 말했다. 그러나 실제로는 그렇게 잘 되지는 않으며, 자아가 어느 정도의 안정도와 통합성을 가지면서 위협당하지 않도록 콤플렉스를 억압하는 일이 많다. 그것을 개혁해가기 위해서는 때로 어느 정도의 —즉, 자아를 파괴해버리지 않는 정도의— 폭발이 필요하기도 하다.

예를 들면, 학교공포증 아이 사례에서 큰엄마라 불린 여성에 초점을 맞춰서 생각해보자. 이 여성은 가정에서 군림하는 사람이었다. 기울었던 집안을 다시 일으킨 사람이자, 여동생을 위해 데릴사위를 구해온 사람이자, 소년의 큰엄마로서 양육을 맡은 사람이다. 요컨대, 이 집의 여왕으로 나무랄 데 없는 사람이었다. 그러나 여왕에게도 약점은 있었다. 그녀는 결혼을 하지 않았으며 이 집을 계승할 소년의 입장에서 보자면 '이모에 지나지 않는' 사람이었다.

말해서는 안 될 진실을 소년이 입에 담았을 때 여왕의 권력은 무너졌다. 가정의 안정을 무너뜨린 역할을 해낸 이 소년을 우리는 '트릭스터trickster'라고 부른다.

트릭스터란 수많은 신화와 전설 속에서 활약하는 장난꾸러기인데, 교활함과 행동력에서 비할 바가 없는 존재다. 예를 들어 설명하는 편이 이해하기 쉬울 것이다. 아프리카의 트릭스터에 관해 흥미로운 해석을 했던 문화인류학자 야마구치 마사

오山口昌男가 쓴 『아프리카의 신화적 세계ァフリカの神話的世界』에서 이야기 하나를 빌려오자. 아프리카 잔네 족의 트릭스터인 투레 이야기 가운데 하나다.

한 노파가 있었다. 이 노파는 당시 물을 갖고 있던 유일한 사람이었다. 노파는 얌(참마과의 덩굴풀 초목)을 재배하고 있었고, 일하는 남자에게 얌을 먹인다. 그러나 물을 한 방울도 주지 않으므로 남자가 얌이 목에 걸려 괴로워하자 노파는 식칼로 목을 잘라 죽여버리고 말았다. 그때 투레가 등장한다.

투레는 먼저 노파가 숨기고 있는 물을 찾아내어 단지에 넣고 주머니에 숨겼다. 그리고 속이 빈 갈대를 뽑아서 단지에 꽂아 두었다. 노파는 투레에게 얌을 먹이고 목이 막히기를 기다리지만 투레는 갈대를 이용해 물을 마시면서 얌을 먹으므로 아무렇지도 않다. 노파는 이상하게 여기면서도 많은 얌을 가져왔다. 마침내 투레는 목이 막힌 시늉을 하고, 노파가 식칼을 갖고 다가오자 훌쩍 달아나서 물이 숨겨져 있는 곳으로 달려갔다. 노파는 당황해서 "거기에 있는 것은 똥더미다!"라고 소리치지만, 이미 때는 늦어 투레가 담을 무너뜨렸으므로 물이 사방으로 흘러나왔다. 말하자면 투레 덕분에 오늘날 온 세상에 물이 있다는 것이다.

이 이야기의 주인공 투레는 책략의 능숙함, 행동력, 파괴성,

그리고 그 요소들이 건설적인 결과를 초래한다(세상에 물을 갖다 주었다)는 것 등을 잘 표현하고 있다. 트릭스터는 선이자 악이며, 파괴자이자 창조자이며, 변화무쌍하고 신출귀몰한, 전혀 파악할 수 없는 존재다. 저차원에 머물 때는 그저 장난치기를 좋아하는 파괴자이며, 고차원에서는 인류에게 행복을 가져오는 문화영웅이 된다. 바꿔 말하면, 우리는 어떤 훌륭한 영웅에게서도 그 그늘에서 트릭스터의 존재를 알아차리며, 어떤 저급한 트릭스터에게서도 영웅의 싹을 느낄 수 있다.

그런데, 여기서 우리의 사례로 돌아가서 생각해보면 학교공포증 소년이 그 집의 트릭스터로서의 역할을 짊어지고 있음을 알 수 있다. 그 집은 소년이 학교공포증을 보이기까지는 나름대로 안정되어 있었다. 그러나 그 안정은 뒤집혀야만 했다. 이모는 소년과의 사이에 있는 동일 콤플렉스 속에서의 공생관계를 끊고, 여동생 부부를 한 사람의 인간으로 받아들임으로써, 스스로 노인으로서의 삶을 확립해가야 할 시기에 이르러 있었다. 한편, 여동생 부부도 언니의 힘에 의존하기만 하지 않고 독립해서 장사를 해야 하는 때를 맞이하고 있었다. 이런 상황과 소년이 청년기를 향해 나름의 자아를 확립해야 할 때가 온 것이 멋지게 맞아떨어졌던 것이다. 이것은 제3장 마지막에 썼던 '배치'의 훌륭한 사례로 생각할 수 있다.

이처럼 잠재적인 배치가 완성되더라도 한 번 완성된 조직은 좀처럼 무너지지 않는다. 거기에는 트릭스터가 필요하다. 소년이 학교공포증 증상에 걸린 것은 안정되어 있던 가족의 마음을 뒤흔들었다. 가족 모두가 그런 삶과 사고방식을 반성하고 개혁을 향한 태동을 계속해나가는 과정의 클라이맥스로서, 트릭스터인 소년은 해서는 안 될 진실의 말을 가정의 주인을 향해 던져버린 것이다.

이 행위는 노파가 숨기고 있던 물의 둑을 파괴한 투레의 그것에 버금간다. 소년의 파괴적 행위를 토대로 이 가정에 새로운 질서가 초래되었기 때문이다.

물론 소년이 이 모든 것을 의식적으로 했으리라고는 생각할 수 없다. 청년기에 이르러 어머니 콤플렉스에서 분리되어 확립되기 시작한 소년의 자아는 반은 의식적으로, 반은 무의식적으로 그러한 행동을 취했을 것이다. 이런 의미에서 융이 트릭스터 상像은 "완전히 미분화未分化된 인간 의식의 충실한 반영"이라고 쓴 것은 정말로 적절한 표현이라고 생각한다(융「트릭스터 상像의 심리학에 관하여」). 그것은 의식화의 싹이지만 너무나도 미분화되어 있으며, 따라서 선과 악의 양면을 품고 있다.

심리치료에 종사하는 이들은 이런 트릭스터를 많이 만난다. 예를 들면 다음과 같은 예가 있다. 이것은 앞서 썼던 예에서는 트릭스터의 교활함이라는 점이 별로 명백하지 않았으므로 그 점을 보여주기 위해 제시한다.

어느 며느리와 시어머니가 있었다. 겉보기에 두 사람 사이는 나쁘지 않았을 뿐만 아니라 주위 사람들은 '잘 지내고 있다'고 여길 정도였다. 그러나 이것은 두 사람이 주변 사람들에게 넋두리를 늘어놓지 않을 만큼은 현명했음을 나타내는 것에 지나지 않았다. 물론 싸움은 없었다. 시어머니는 2층에, 젊은 부부는 아래층에 살고 있었다. 그리고 두 세계 사이에는 차가운 칸막이가 있고 강한 긴장감이 감돌고 있었다. 그러나 현명한 두 사람은 그 상황을 다른 사람들이 알아차리지 못하게 행동했다. 그런데 이 차가운 경계를 넘어 자유롭게 행동할 수 있는 존재가 있었다. 바로 젊은 부부의 딸이었다. 이 딸은 부모에게도 귀여움을 받고 할머니에게도 사랑받고 있었다. 경계를 넘어 출몰한다는 점에 트릭스터의 특징이 있다. 계단 위아래를 자유로이 행동할 수 있는 유일한 인간으로서, 이 딸은 그야말로 '하늘과 땅을 잇는 자'(『아프리카의 신화적 세계』)였다. 타인에게는 넋두리를 하지 않는 현명한 두 여성도, 이 딸에게는 가끔 서로의 결점을 들추어보였다. 할머니는 딸의 어머니 험담을 늘어놓고, 어머니는 할머니의 차가운 처사를 탄식했던 것이다. 트릭스터는 연결하는 자이자 끊어버리는 자이다. 딸이 초등학교 1학년이 되었을 무렵에는 '초등학생이라고는 생각할 수 없는 교활함'으로 어머니와 할머니에게 아첨을 해서 양쪽에 적당히 정보를 흘리고는 보상을 얻고 있었다. 시어머니가 있는 곳에 가면 어머니가 뒤에서 얼마나 시어머니를 공격하고 있는지를 일러바치고, 어머니에게는 시어머니가 어떤 험담을 했는지를 일러바쳤던 것이다.

그런데 이 딸이 학교에서 너무나 심하게 까분다며 치료자에게 끌려왔다. 교사나 부모가 보기에는 산만하기 짝이 없는 통제불능인 여자아이지만, 사태가 명백해지면서 치료자가 알게 된 것은 그녀가 중요한 트릭스터 역할을 하고 있었다는 사실이었다. 가정에서 그만큼 커다란 역할을 짊어지고 있는 아이가 학교에서 얌전하게 있을 리가 없다.

이것을 알았다 해도 치료자는 그저 '기다릴' 수밖에 없다. 물론 마냥 기다리지는 않는다. 어머니와 대화를 계속하고, 여자아이와 함께 놀면서 두 사람의 자아가 적절히 강해질 때까지 기다리는 것이다.

그리고 때가 되면 폭발이 일어난다. 트릭스터의 노력이 열매를 맺어 며느리와 시어머니는 정면으로 충돌한다. 이 싸움이 어찌나 대단했던지 지금까지 냉전을 나 몰라라 해왔던 며느리의 남편—가장이면서도 집에서 도망치기만 했던—도 적극적으로 나설 수밖에 없게 된다. 앞의 예와 마찬가지로 감정의 폭발을 동반한 대화를 계속하면서 가정에서 새로운 인간관계가 완성되어간다. 그때, 지금까지는 파괴를 이끄는 존재로 활약했던 트릭스터는 부모에게 사랑받는 딸이자 할머니에게 귀여움받는 손녀로서, 따뜻한 관계의 매개자로 활약하게 된다.

상식적으로 보면 차분함이 없는 문제아로밖에 생각할 수 없는 소녀를, 우리는 하나의 사명을 가진 트릭스터로 보고 소녀를 기폭제로 삼아 가정에서 새로운 고차원의 안정성을 만들어내려 한다. 치료자는 종종, 한 사람의 트릭스터가 영웅으로까지 성장하는 과정을 함께 하는 역할을 하는 이로 특징지어진다.

그러나 이 과정이 위험으로 가득하다는 것은 쉽게 알 수 있다. 모든 좋은 일에는 위험이 따른다. 예를 들면, 앞서 쓴 예에서도 며느리와 시어머니의 싸움은 결국 젊은 부부의 이혼이라는 결과를 낳을지도 모른다. 좌절한 트릭스터만큼 비참한 것은 없다. 거기에는 파괴와 비참함만이 남고 사람들의 분노와 조소를 한 몸에 받아야만 한다.

이런 점을 아는 우리는 세상 사람들로부터 방해꾼 취급을 받거나 나쁜 놈이라고 단정되어버린 사람을 받아들여 거기에 존재하는 잠재적인 배치의 의미를 주의 깊게 읽어낸다. 그리고 그 관계에서 트릭스터로서의 역할을 알고, '때'가 오기를 조건을 갖추어가면서 기다린다. 물론 이것은 말은 쉽지만 행하기는 정말 어렵다. 실제로 우리들 치료자도 아무리 노력해도 배치의 의미를 읽어내지 못하거나, 오해하거나, 기껏 찾아온 '때'를 놓치거나, 트릭스터의 파괴력에 자신이 파괴되어버릴 것 같아 도망치는 등 많은 실패를 거듭하고 있다는 것도 밝혀둔다.

때때로 트릭스터는 세계의 태초신화에 등장한다. 예로 들었던 투레의 이야기만 봐도 그 행동으로 인해 인류에게 '처음으로' 물이 주어졌다는 이야기다. 신화의 세계가 아니라 현재에 활약하는 트릭스터들과 많은 면접을 거듭해가면서, 한 사람의 인간을 바꾸는 것은 최초로 세계를 창조하는 것만큼 어렵다는 생각을 자주 하곤 한다.

3. 죽음체험

앞에서 든 예에서, 치료가 성공해서 고부관계가 좋아지고 여자아이는 학교에서 차분하게 행동하게 되어 치료를 마치려 할 때, 우리들 치료자는 묘한 감정에 사로잡힐 때가 있다. 분명히 모든 것이 잘 되었는데 거기에 일종의 외로움이 존재하는 것이다. 초등학교 1학년 여자아이는 얌전하고 착한 아이가 되었다. 그러나 트릭스터는 사라지고 말았다. 세상 사람들이 보기에 그것은 나쁜 아이이자, 아이라고 생각할 수 없는 교활한 아이였다. 그러나 우리는 그 안에서 트릭스터 특유의 그 빛나는 광채를 보았다. 그 광채가 이젠 없는 것이다.

치료가 성공했을 때의 외로움—또는 슬픔이라고 해도 좋을지 모르겠다—은 뭐라 딱 꼬집어 표현하기 힘들다. 그런데 이런 느낌을 딱 들어맞게 표현하고 있는 듯한 생각이 드는 것을, 나는 소설가 이노우에 야스시井上靖의 『화석化石』에서 찾아냈다.

『화석』의 주인공 잇키는 우연히 —또는 내적 필연성 때문에— 자신이 암이라는 것, 그리고 그 병이 수술 불가라는 것을 알게 된다. 거기서 주인공은 사내답게 혼자서 죽음과 대결하기로 결심한다. 병에 걸린 것을 아무에게도 말하지 않고, 남은 생을 되도록이면 강하게 살아가려 한다. 그런데 기적적으로 수술이 성공하여 잇키는 목숨을 구한다. 죽음을 면했다는 것을 알고 퇴원이 가까워짐에 따라 그는 뭐라 말할 수 없는 변화가 마음속에서 생겨나는 것을 느낀다.

"잇키는 지금의 자신이 수술 전의 죽음이라는 동반자를 갖고 있던 무렵의 자신과 아주 크게 달라져 있음을 느끼고 있었다. 죽음의 벽을 바라보며 그것을 향해 걷고 있던 때가 생기에 넘쳐 있었으며, 그 죽음의 벽이 말끔히 걷혀버린 지금은 오히려 생기를 잃고 말았다.”

그는 수술을 통해 십이지장의 일부를 떼어냈는데 “떼어낸 것이 십이지장이 아니라 다른 것일지도 모른다”라고까지 느낀다. “잇키는 죽음이라는 동반자와 더불어 본 것, 더불어 들은 것, 더불어 느낀 것 모두를 잃어버렸다. 태양의 빛도 달라졌고, 바람소리도, 하늘의 빛깔도 달라졌다.”

죽음과의 사내다운 대결을 묘사한 소설의 끝부분 일부만을 굳이 인용했는데, 그것은 이 묘사가 우리가 체험하는 감정에 너무나도 딱 들어맞기 때문이다. 이 소설에서는 죽음을 면하고 삶을 얻은 인간이 느끼는 상실감이라는 역설을 품고 있다는 것만으로 더 한층 강렬하게 그 느낌을 전달해주고 있다.

수술로 잃은 것은 십이지장의 일부만이었을까, 하는 주인공의 기분은 완전히 정곡을 찌른 것이다. 이것을 치료자 입장에서 말하면 ‘나는 과연 환자에게 해를 끼치는 것만을 제거한 걸까’라는 자기반성이 된다. 우리가 제거한 트릭스터는 과연 해만 끼치는 존재였다고 말할 수 있을까? 제2장에서 예로 들었던 비첨과 샐리의 이중인격을 치료했던 모튼 프린스는 심리치료라는 이름 아래 샐리를 ‘살해’하려 한 것은 아닐까, 하고 반성했다고 한다. 확실히, 좋은 아이인 비첨만을 남기고 나쁜 아이인 샐리를 무의식계로 밀어 떨어뜨렸을 뿐이라면, 그것은

'살인'이라 말할 수 있는 것 아닐까.

이렇게 생각하면 『도리언 그레이의 초상』, 『지킬 박사와 하이드』, 『윌리엄 윌슨』, 안데르센의 동화 「그림자」 등 이중인격이나 분신을 주제로 한 소설은 모두 '죽음'으로 결말을 맞이한다. 모파상의 『오를라』는 결국 죽음을 예감하면서 끝나며, 도스토옙스키의 『이중인격』은 주인공이 미쳐버리고 만다. 한 사람의 인간이 살아가려면 다른 한 사람을 반드시 죽여야만 하는 것일까?

이런 점을 시사하는 흥미로운 예가 있다. 이것은 융 학파 분석가인 프란시스 윅스Frances Gillespie Wickes 부인이 일곱 살 소녀에게 행했던 치료의 예다(『아이의 내적 세계』). 여기서도 '또 하나의 나'라는 주제가 등장한다.

일곱 살 소녀 마르가레트는 학교에서 거의 글자를 외우지 못하고, 운동능력도 좋지 않고, 때때로 공상에 빠져버리는 등, 전혀 선생이 감당할 수 없는 아이였다. 그녀는 난산에 의한 장애로 확실히 운동능력은 떨어졌지만 그것을 너무 걱정한 부모의 과보호 탓에 더더욱 응석받이가 되어 스스로 노력해서 그 결점을 극복하려 들지 않았다.

치료를 맡은 윅스 부인은 소녀가 공상을 좋아하는 것을 이용해서 공상적인 읽을거리를 통해 글자를 가르쳤다. 마르가레트가 약간 글자를 외우기 시작했을 무렵 갑자기 "나는 쌍둥이가 있는데, 그 애 이름은 안나라고 해요. 나랑 똑 닮았는데, 예쁜 옷을 입고 있는 거랑 안경을 안 끼고 있는 것만 달라요. 안나가 여기 있으면 나는 더 열심히 공부할 텐데……"라는 말을 했다. 그녀는 시력이 약해서 힘들어하고 있었으므로, 상상 속의 쌍둥이 안나가 안경을 끼지 않고 시력이 좋다고 말하고 있는 것은 아주 흥미롭다. 여기서 윅스 부인은 안나를 만나고 싶다고 한다. 마르가레트는 기뻐하며 —상상 속의 일이지만— 안나를 데려와서 그 뒤로는 언제나 안나가 실재하고 있는 듯이 행동한다.

그 이후의 상세한 것은 생략하지만, 마르가레트가 자포자기하거나 책임을 회피하려 할 때마다 치료자는 "안나는 어떻게 생각하고 있을까?" 하고 물어봄으로써 마르가레트는 안나의 도움을 빌려 성장해간다. 비첨과 샐리의 관계와는 정반대로 마르가레트의 상상 속 쌍둥이 안나는 그녀의 양심적인 면을 나타내고 있다. 그런데, 안나 이외에 또 하나의 눈먼 소녀가 마르가레트의 공상세계에 나타난다. 이 소녀는 안나와는 반대로 무엇이든 도와줘야 하는 소녀다. 여기서 마르가레트는 이 눈먼 소녀를 상대로 돌봐주는 일이나 자신이 책임을 지는 일— 즉, 안나가 자신에게 해주었던 일—을 배워간다.

마르가레트는 웍스 부인의 세심한 도움을 받아 공상세계의 주인인 안나랑 눈먼 소녀와 사귀면서 점점 자립성을 획득해간다. 다른 한편, '현실' 세계에서도 친구가 생기면서 공상세계에서 현실세계로 흥미를 옮기기 시작한다. 그리고 마르가레트가 안나와 헤어져 홀로 설 수 있게 되는 때가 전혀 생각지도 못한 형태로 나타난다.

어느 폭풍우가 치던 밤, 마르가레트는 한 소녀를 휠체어로 깔아뭉개서 죽이는 꿈을 꾼다. 이 꿈을 웍스 부인에게 이야기하면서 그녀는 눈을 반짝반짝 빛내며 "언젠가 나는 안나를 치어 죽이겠죠" 하고 말한다. 그리고 그 뒤로 안나는 그녀의 공상세계에서 사라져버린다. 글자 그대로 그녀는 마르가레트에게 깔려죽은 것이다. 살해당한 안나는 어떻게 되었을까? 이 의문에 대해서는 이후의 마르가레트의 삶이 대답해준다. 그녀는 자립적인 소녀로 자라나고, 우리는 그녀의 모습 속에 안나의 생명이 계승되고 있음을 느낄 수 있는 것이다. 마르가레트는 꿈 체험 속에서 뚜렷하게 안나를 살해했다는 자각을 갖고 그 자각을 통해 안나의 생명을 자기 안에 통합할 수 있었다. 안나는 마르가레트의 몸 안에서 재생한 것이다.

이 예는 많은 것을 시사한다. 그중에서 가장 명확하게 나타난 것은 한 사람의 성장에는 어떤 의미의 '죽음체험'이 따른다는 것이다.

예를 들어 이 장의 첫머리에 들었던 '큰엄마'의 경우라면, 그녀가 인간적 성장을 이루기 위해 하나의 '죽음체험'을 했다고 말할 수는 없을까. 소년의 큰엄마로서, 가정의 실권자로서의 여성은 죽고, 후견인으로서 모두에게 도움을 주는 노인으로 재생했다고 생각할 수는 없을까? 학교공포증 소년을 치료해가면서 나는 죽음과 재생을 훌륭하게 완수한 노부인에 대해 솟구치는 존경심을 멈출 수 없었다. 그리고 이 여성에게 일격을 가했던 소년에게도 그것은 하나의 '죽음체험'이었음이 틀림없다. 죽이는 것과 죽음을 당하는 것의 차이는 있다 하더라도 말이다.

죽음체험이라 해도 이것은 어디까지나 내면적인 것으로, 외적으로는 두 사람은 죽지 않고 그 뒤 더욱 성장해갈 것이므로, 죽음체험에 대해 좀 더 명확하게 하는 편이 좋을 것 같다.

우리가 뭔가를 체험한다는 것은 과연 무엇일까? 흔한 예로, 교통사고로 심한 상처를 입었을 때에 전혀 고통을 느끼지 못했다는 이야기가 있다. 이때, 이 사람은 교통사고를 체험했지만 그 고통의 체험은 없었던 것이다. 이것은 인간이 살아가기 위해서, 그 고통이 너무나도 고통스러운 경우에 필요한 생체반응이 작동해서 우리는 그것을 느끼지 못하게 되는 것이다. 이처럼 극단적인 예에서 유추하면, 우리들 인간은 살아가기 위해서 외적 자극의 모든 것을 체험하지 않고, 적절한 한정限定을 가하고 있는 존재라고 생각할 수 있다.

우리는 살아가기 위해서 얼마나 많은 것들을 보고도 못 본 척하고 있는가. 아니, 못 본 척하는 것이 아니라 정말로 보지 못하고 있다. 히스테리를 한낱 웃음거리로 삼고 있을 수만은 없다.

예를 들어, 한 그루의 사이프러스 나무를 보고 우리가 그것을 '한 그루의 사이프러스'라고 할 때 그것은 이미 체험의 한정을 포함하고 있다. 사이프러스의 색깔, 모양 따위보다 사이프러스라는 개념을 통해 파악하고, 바로 그렇기 때문에 우리는 안심하고 그것을 바라보고 있을 수가 있다. 앞에서 자아는 경험하고 판단하는 존재라고 썼는데, 이 두 가지는 미묘하게 얽혀 있다. 우리의 시각적 경험을 토대로 사이프러스라고 판단했다고 말할 수도 있으며, 사이프러스라는 판단에 의해서 시각적 경험을 만들어내고 있다고까지 말할 수 있는 것이다. 이때, 사이프러스 그 자체를, 개념으로 한정시키지 않고 보는 사람이 있다면 어떨까. 그리고 자신이 본, 그 사람만의 사이프러스를 화폭에 옮기는 표현력도 갖추고 있다면 그는 천재화가일 것이다.

이야기가 약간 옆으로 샜는데, 우리가 뭔가를 '체험'한다고 할 때, 그것은 그에 따르는 외적, 내적인 자극을 가능한 한 받아들여서, 자아 체계 속에 담았을 때라고도 할 수 있다. 그러나 이것도 사이프러스의 예로 알 수 있듯이 정도의 차이가 있다. 예를 들어 죽음체험의 경우, 죽음이라는 외적 사상事象으로서는 재래를 허락지 않는 완전한 종지終止 상태, 내적 사상으로서는 그에 따른 고통, 슬픔, 가혹함, 그리고 외적인 종지를 보상하는 것으로서 자주 일어나는 영원성의 감정, 이들 모두를 자아가 인지하고 그것을 자아 체계 속에 담는 것, 요컨대 의미부여가 이루어져야 한다.

이야기를 사례로 돌리자. 이런 사례의 경우, 어느 중학생이 그냥 학교를 빼먹기 시작했거나, 또한 그냥 나아서 등교하게 되었다고 할 때, 거기에는 명확한 의미의 파악이 없다. 그런데 그 중학생이 어머니(이 경우는 큰엄마)와 대결하는 폭발행위 속에서, 어머니에게 어리광을 부릴 수 있었던 아이 시절의 완전한 종지終止, 그에 따른 고통과 슬픔, 거기에 더해, 이런 관계를 끊는 슬픔의 밑바닥에서 생겨나는 새로운 관계의 영원성의 감정까지를 모두 느끼고, 그것이 자신의 자아 안에 담길 때, 소년은 하나의 '죽음체험'을 했다고 말해도 좋지 않을까? 그것은 큰엄마인 노부인 역시 마찬가지다.

물론 이 '체험'에는 정도의 차이가 있다. 이 체험이 충분히 이루어질수록 자아 성장의 합은 커진다고 할 수 있다. 바꿔 말하면 '죽음체험'이 깊을수록 그것은 재생으로 이어진다. 이 체험이 중도포기로 끝날 때 그 사람은 유령 같은 존재가 된다. 예를 들어 학교공포증 소년의 경우라면 학교에는 가지만 조금만 힘든 일이 생겨도 집에 틀어박혀 버릴 것이고, 큰엄마라면 사업을 동생 부부에게 맡겼다고 하면서도 사사건건 참견을 해대서 그들을 난감하게 할 것이다.

콤플렉스의 '해소'는 어떤 의미에서 죽음체험을 동반한다. 우리가 콤플렉스를 해소한 환자를 접할 때에 느끼는 쓸쓸함과 슬픔은 죽음체험을 배경으로 갖고 있기 때문일 것이다. 거기서 우리에게 위로가 되는 것은 죽은 콤플렉스의 내용이 얼마나 자아 안에서 재생하고 있는지에 있다. 마르가레트의 예에서도 안나는 살해되고 말았지만 그 뒤 마르가레트 안에 안나의 생명이 계승되고 있는 것이 느껴진다.

그러나 우리는 마냥 기쁘지만은 않다. 마르가레트의 안에서 안나의 모든 것을 볼 수는 없기 때문이다. 사라져버린 트릭스터는 물론, 초등학교 1학년 소녀의 안에 일부를 남기고는 있지만 트릭스터의 광채를 모두 남기고 있지는 않다. 하지만 우리는 그것으로 만족해야 한다. 사람이 할 수 있는 일은 그 정도다. 우리들 인간은 하늘로부터 부여받은 물을 모두 이용하지는 못한다. 대부분의 물을 바다로 흘려보내고 그 가운데 아주 일부만을 수력발전이나 관개灌漑에 이용하며 만족하고 있다. 심지어 홍수의 위험이 물러났다면 당연히 더욱 기뻐해야 하지 않을까?

4. 의식의 의미

콤플렉스 해소에는 죽음체험이 따른다고 했는데, 이런 체험은 쉽지 않고 위험하다는 것을 어렵잖게 상상할 수 있다.

죽음체험을 내면화해가기 위해서는 그에 걸맞은 강한 자아가 필요한데 그것이 불가능할 때 간혹 외적인 자살이나 타살 행위를 초래한다. 제1장 단어연상의 예에서 들었던 리클린의 사례에서는 아버지에 대한 강한 공격성, 오이디푸스 콤플렉스의 존재가 명백했다. 여기서 시영 전철 운전사는 오이디푸스 콤플렉스와의 대결 속에서 내면화된 아버지의 죽음을 체험했어야 했다. 그러나 그가 할 수 있었던 일이란 아버지를 닮은 사람을 치어 죽이는, 말하자면 현실 세계에서의 살인 행위였다. 마찬가지로 자살 미수자와 이야기를 해보면 그것이 죽음체험을 갈구하는 일종의 마지막 몸부림으로 저지른 일이라는 느낌이 들곤 한다.

이렇게 생각하면 뭔가를 직접적으로 '체험'한다는 것은 큰일이다. 사이프러스의 예에서 이야기했듯이, 우리는 '사이프러스 자체'를 체험하는 것을 회피하고 있다고 봐도 좋을지 모르겠다. 하지만 우리의 자아가 성장을 이루려고 하는 이상, 어떤 것이든 새로운 체험이 필요하다. 콤플렉스와 대결해서 그 내용을 자아에 담기 위해서는 콤플렉스가 보류하고 있는 감정을 '체험'해서 내 것으로 삼아야만 하는 것이다.

융은 자아가 콤플렉스 안의 내용과 에너지를 자신의 것으로 하는 데에 필요한 물길을 트는 기능을 다하는 것으로서 의식儀式이 존재한다고 생각한다(「심적 에너지」). 융은 그 예로 미개인이 행하는 다양한 의식을 들고 있다. 예를 들면 수렵이나 전투 등에 나갈 때 그들이 여러 가지 복잡한 의식을 행하는 것은 물론 다른 목적도 있겠지만, 하나는 그런 의식을 통해 수렵이나 전투를 행하는 데 필요한 에너지에 물길을 부여하고, 그리하여 유효한 에너지를 끌어내려 했다고 생각한 것이다.

의식이란 이런 '수로화水路化, canalization' 기능을 가진 것으로서, 어떤 의미에서는 직접 체험의 위험을 막아내는 것이라고도 생각할 수 있다. 우리가 뭔가를 체험하기 위해서는, 그 경험이 자아의 기능을 파괴할 만한 것이어서는 안 된다. 예를 들어 대량의 물이 한꺼번에 흘러나오면 홍수가 날 뿐이다. 우리가 그것을 강으로 흘려보내고 필요한 물길로 이끌 때에 그 물은 관개나 수력발전 등으로 이용할 수 있다. 여기서 물길의 역할은 물을 막고 이끄는 것이다. 여기에 의식의 양면성이 있다. 그것은 체험으로 이끄는 것이자, 체험으로부터 몸을 지키는 것이기도 하다.

인간이 자아의 힘을 초월하는 존재인 신을 향할 때, 많은 의식을 필요로 하는 것도 이 때문이다. 사람은 되도록이면 신에게 가까이 접근하고 싶어 한다. 그러나 직접 체험은 아마도 인간을 죽음으로 이끌 만큼의 힘을 가질 것이다. 목숨을 잃지 않고 되도록 신에게 가까이 접근하는 최선의 방법으로서 많은 의식이 생겨났다. 그러나 이런 의미가 불분명해졌을 때 의식은 신에게 접근하는 수단이 아닌 인간과 신 사이의 장벽으로밖에 작용하지 않는다. 즉, 의식이 송장이 되어버리는 것이다.

이런 점을 명백하게 하고, 죽음체험과도 연관시켜 생각할 수 있는 예로 왕위계승 의식이 있다. 영국의 사회인류학자 제임스 프레이저James George Frazer의 명저 『황금가지』는 그런 이야기로 가득 차 있다. 프레이저에서 예를 인용하면서 이야기를 계속 이어가겠다.

프레이저는 미개인들 사이에 왕을 살해함으로써 왕위계승이 행해지는 것이 제도적으로 존재한다는 사실을 많은 예를 들어 제시하고 있다. 이것은 요컨대, 왕이 쇠약해져 자연스럽게 죽음을 마칠 때까지 왕의 건전한 혼을 후계자에게 옮겨야만 한다는 생각에 토대를 두고 있다. 왕은 절대로 완전해야만 한다. 젊은 왕이 병에 걸리거나 많은 처첩의 욕구를 만족시킬 힘이 없어지면 이내 왕위계승 의식, 즉 왕의 사형집행이 이루어진다.

예를 들면 아프리카 실루크Shilluk족의 관습에서는 왕이 그의 많은 부인들을 만족시킬 힘이 없어진 것을 알면 부인이 장로에게 알린다. 장로들은 왕에게 운명을 알리기 위해 낮잠을 자고 있는 그의 얼굴과 무릎에 하얀 천을 두른다. 형을 집행하기 위해 오두막 한 채가 지어진다. 왕은 오두막 안에서 어린 소녀의 무릎을 베개 삼아 눕는다. 오두막 출입구는 단단히 봉해지고 일체의 음식물이 주어지지 않으므로 두 사람은 굶주림과 질식으로 인해 죽음에 이른다.

왕이 일정기간, 즉 1년 또는 12년 뒤에 살해되거나 자살함으로써 왕위를 양도하는 것도 똑같은 생각에 토대를 두고 있다. 인도의 어떤 지방에서는 왕은 12년간의 정해진 통치기간 뒤 많은 의식을 치른 끝에 자신의 코와 귀, 입술, 팔다리를 잘라내고 다량의 출혈로 실신할 무렵에 목을 벤다. 그리고 이어서 다음 12년간의 왕위를 얻는 사람은 이 광경을 똑똑히 지켜

봐야만 한다.

우리가 보기엔 잔혹하다고밖에 여겨지지 않는 이런 무시무시한 의식들도 미개인이 갖는 '무의식의 지혜'의 산물로 보면 이해할 수 있다. 모든 국가나 국민이 체험해야만 하는 죽음과 재생을 왕이 그들의 대표가 되어, 글자 그대로 체험하는 것이다. 여기서 제시한 왕의 죽음에서 정교한 수단—잔혹하다고 느껴지는 수단—은 왕이 죽음을 '체험'하는 것을 겨냥하여 개발된 것이리라. 왕위 계승자가 이 광경, 말하자면 12년 뒤 자신의 운명을 똑똑히 지켜봐야 한다는 것도 이 때문일 것이다.

그런데 이런 것은 인간의 자아의 측면에서 보면 완전히 부정해야 할 일이다. 불합리하고 잔인하다. 사실 프레이저는 이들 제도에 감히 반대했던 '강한 왕'의 예를 들고 있다. 이들 '강한 자아'를 가진 왕에 의해 제도는 개혁되지만 죽음과 재생의 체험까지 부정하는 것은 바람직하지 않다. 그래서 새로운 제도가 생겨난다. 일정기간 뒤에 사형수가 대역이 되어 며칠 동안 왕위에 앉아 마음껏 향락을 즐긴 다음 살해되는 방법이 고안된 것이다.

이것이 좀 더 진보하면 하와이의 어느 부족처럼, 1년을 마치는 의식으로 한 사람의 전사가 왕에게 창을 던져서, 왕이 그 창을 받아내면 그것으로 끝나고 실패하면 목숨을 잃는 제도처럼 된다. 좀 더 간단해지면 바빌론의 왕처럼 1년에 한 번씩 마르둑 대신전에 있는 신상神像의 손을 잡음으로써 자신의 힘을 갱신하는 식의 제도가 되어간다.

말하자면 왕의 목숨을 가능한 한 영원화하여 잔인한 살인을 그만두게 하고 싶다는 자아의 요청과, 어디까지나 죽음과 재생의 체험을 바라 마지않는 무의식의 힘 사이의 타협으로서 하나의 의식儀式이 만들어진 것이다.

그러나 부작용은, 의식이 자칫 그 안에 흐르는 정신을 잃어버리고 양식만이 계승된다는 점이다. 말하자면 의식이 유명무실해지는 것이다. '의식을 가장한 행위만 있을 뿐, 정신이 없는' 의식은 겉만 그럴듯하며, 의식의 본래 의미와는 달라진다. 생명을 갖지 않은 의식의 무의미함은 누구라도 금방 알 수 있다. 유명무실하다는 것을 스스로 인정하며 그 의식을 파괴하는 일에서 얄팍한 의식적 의미를 찾아내고는 기뻐하는 사람도 있지만, 문제는 우리에게 걸맞은 의식의 창조에 있다. 우리의 자아를 —그 합리성과 동일성 등을— 파괴하지 않고 그것에 새로운 생명을 불어넣는 의식을 찾아내는 일. 이것은 현대인에게 주어진 책무 가운데 하나다.

대학 졸업에 맞추어 여러 명의 친구가 함께 여행을 가기로 했다. 집합 장소에 모였을 때 일행 사이에 즐거운 여행을 떠난다고 하기에는 뭔가 불안한 느낌이 감돌았다. 여행을 하는 동안 이유가 분명해졌다. 일행 중 세 명이 출발 전, 여행히는 동안에 자신이나 일행 중 누군가가 사고로 죽는 꿈을 꾸었던 것이다. 또, 다른 한 사람은 출발할 때에 불길한 예감을 느꼈다. 심지어 배웅해준 아버지와 두 번 다시 만나지 못하는 건 아닐까 하는 불안이 문득 가슴속을 스쳐 지나갔다는 친구도 있었다. 이런 불안이나 꿈 등을 이야기하면서 여행은 계속되었고 무사히 끝났다. 여행이 끝난 뒤에 모두는 꿈의 예언이 맞지 않았던 것을 두고 서로 웃었다.

하지만 나는 이 여행이 그들의 '졸업 의식'이라고 생각했다. 학창 생활이라는 것의 영원히 돌아갈 수 없는 종결. 사회인으로서의 새로운 출발. 이 시기에 그들은 하나의 내면적인 죽음체험을 해야만 했다. 그러나 견고한 합리적 정신에서 보면 졸업이라는 것도 별로 큰일은 아니며, 의미가 있다 해도 그저 사회인으로서 인정되는 하나의 단계에 지나지 않았다. 대학이 주최하는 졸업식은 물론 '무의미'했다.

그런 일면화한 의식을 보상하고 죽음체험을 연출하기 위해 무의식은 죽음의 꿈을 보내왔다. 거기서, 그들의 여행은 죽음과 재생체험을 따르는 것으로서, 하나의 의식으로 고양되었다. 말하자면 진정한 의미의 '졸업식'이 되었던 것이다.

현대 일본은, 이러한 의미에서 의식의 현저한 결핍을 사회문제로 보고 진지하게 생각해야 한다. 사회학 전문가가 아닌 나로서는 명확한 해답을 내릴 수 없지만, 환자를 진료하며 접하는 개인 사례 중에는 이러한 사례가 큰 비중을 차지하고 있다는 것을 통감한다.

　유명무실해진 의식만이 아니라 모든 의식을 부정했던 젊은이는 재생 에너지의 유출의 길을 스스로 끊어버린다. 그러면 에너지의 침체가 뚜렷이 나타난다. 물길을 잃어버린 에너지가 폭발할 때, 자신 또는 타인이 피를 흘리고 의식은 하나의 '사건'이 되어 발생한다. 이것은 오늘날의 젊은이들 속에도 미개인의 피가 흐르고 있음을 증명하는 예가 될 뿐이다. 이런 비극을 극복하려면 우리는 개인에게 어울리는 의식을 창조해가야만 할 것이다. 이런 점에서 심리분석가들은 의식의 준비를 돕는 사람이나 사제, 참례자가 되어서 개인의 의식 창조에 참여하는 이들이라고 생각할 수 있다.

　콤플렉스의 해소에 관해 이야기하면서 대결, 죽음체험, 의식 등의 단어를 사용해 설명했는데, 이들 설명에서 콤플렉스를 해소하는 데 있어 빛나는 면만을 보지 않도록 주의하기 바란다. 콤플렉스의 내용은 원래 진흙투성이다. 갈고닦는 노력을 아끼지 않을 때는 마침내 금을 얻지만, 금광도 처음에는 흙

더미와 다를 바 없다. 분석가라는 일은 참으로 힘든 일이다. 시어머니는 달걀덮밥을 주문하는데 며느리가 햄버거를 주문한 일, 조의금을 2천 엔을 낼까, 3천 엔을 낼까. 또는, 나는 2백 엔짜리 밥을 사줬는데 상대방은 백오십 엔짜리를 사줬다 등등, 일반적으로 '지나가던 개도 웃을' 하찮은 사건들을 많은 사람들은 핏대를 올리고 이야기하며, 우리들 분석가는 하나하나 귀 기울여 열심히 들어야 한다. 이것은 이야기를 하는 사람이 대학교수든 평범한 주부든 다르지 않다. 종교가나 교육자라 해도 마찬가지다. 콤플렉스인 이상, 그것이 진흙투성이인 것은 다를 바가 없다. 이들과의 길고 끈질긴 대결과 대화를 통해서 그 속에서 빛나는 어떤 것이 서서히 다듬어져가는 것이다.

제5장 꿈과 콤플렉스

앞장 끝에서 죽음의 꿈을 꾼 대학생 예를 이야기했다. 이 예가 나타내듯이 자아의 일면성을 보충하는 의미를 갖고 꿈이 출현하기도 한다. 또한 마음의 상보성이라는 점에 대해 이야기했듯이, 콤플렉스가 자아와 상보적인 관계에 있음을 생각하면, 많은 꿈이 콤플렉스가 자아에게 보낸 메시지로서 출현하고 있다고 생각할 수 있다.

이런 관점에서 꿈 현상을 탐색하면 많은 시사를 얻을 수 있는 경우가 많다. 여기서는 꿈 현상에 관해 살펴보자.

1. 콤플렉스의 인격화

앞에서 콤플렉스는 복잡한 것이며 간단히 파악하거나 해소하기 힘들다고 강조했다. 그런 맥락에서 생각하면, 카인 콤플렉스 등의 콤플렉스에 이름을 붙일 때 왜 '카인'이라는 인명을 사용하는지 알 수 있다.

카인 콤플렉스가 동포에 대한 적대감이라는 말로 단순히 설명할 수 있는 것이라면, 구태여 카인 따위의 이름을 붙일 필요가 없을 것이다. '감정'이라는 것은 단순하지 않다. 적대감만으로 이루어져 있다면 그것은 콤플렉스가 아니다. 카인이 '체험'

한 모든 것, 아벨에 대한 감정, 신에 대한 감정, —그런데, 신은 왜 그토록 쉽게 이해하기 힘든 행동을 하셨을까?— 이런 모든 사항을 포함하는 것이 카인 콤플렉스다. 살아 있는 하나의 인간을 온전히 이해하는 것이 불가능하듯이 콤플렉스도 온전히 이해할 수는 없다. 이런 점에서 콤플렉스를 인격화하는 것의 의미는 크다.

콤플렉스는 인격화함으로써 대화상대로 삼을 수도 있다. 이것도 멋진 일이다. 앞서 들었던 소설 『화석』의 주인공은 종종, 죽음이라는 동반자와 대화를 시도하고 있다. 십이지장을 좀먹고 있는 암을 죽음을 초래하는 것으로서 대상화할 때는 생리적인 공포를 불러일으키는 존재지만, 그것을 동반자로서 대화상대로까지 인격화했을 때 그 암은 주인공의 생활에 빛을 가져오는 존재가 된다.

우리가 콤플렉스의 인격화를 여실히 경험하는 것이 꿈 체험이다. 꿈에서는 우리의 많은 콤플렉스가 인격화되어 나타난다. 예를 들어보자.

마흔을 조금 넘은 어느 남자의 사례다. 성실하고 유능한 사람이었으므로 어느 기업에 입사한 뒤 노력을 게을리 하지 않아 마침내 사장의 한 팔로 신임을 얻게 되었다. 회사 일도 재미있고 사장의 신임도 두터워서 즐겁게 일에 몰두하고 있었다. 그런데 이 사람에게 심인성 억울증이라는 노이로제가 덮쳐왔다. 지금까지 성실했던 일에도 흥미를 잃고 말았다. 이쩐지 몸이 무거운 느낌이 들었다. 차츰 회사를 결근하기 시작하고 의료의 힘에 의존하게 되었다. 시간이 좀 지나자 기분이 맑아져서 다시 일을 하기 시작했는데, 어느 정도 하면 또다시 억울증이 도진다. 이런 일이 3년쯤 되풀이되자 자살까지도 생각했다. 그리고, 결국은 반복적인 결근 때문에 회사에 피해만 입힐 뿐이라면서 퇴직을 결심하는 상태에 이르렀다.

그런 상태에서 다음과 같은 꿈을 꾸었다.

꿈. 내가 회사에 나가자, 이전에 회사 공금을 횡령해서 회사에서 해고된 사원이 출근해 있다. 이상하다고 생각했지만, "자네는 더 이상 우리 회사의 사원이 아니니 돌아가주게" 하고 엄격하게 말했다. 그런데 사장이 "아니, 저 사원은 우수하니 그대로 두지" 하고 말하여 망연자실했다.

이 꿈은, 이 사람에게는 너무나 뜻밖의 내용이라 그야말로 황당하다. 특히, 사원에 대해 아주 엄격한 사장이 횡령한 사원을 우수하다면서 다시 고용한다는 건 생각도 할 수 없다. 하지만 꿈에 나타난 횡령 사원이야말로 이 남자의 콤플렉스가 인격화된 존재다.

그런데 이 꿈에 관련된 연상을 이 사람한테서 듣고는 다음과 같은 사항을 알았다. 먼저, '횡령'에 관해서 보면, 그는 도둑질이나 횡령 등을 해본 적이 없고 그것은 정말 나쁜 일이라고 생각한다. 사장도 현명한 사람이므로 자신과 같으리라 생각하는데 꿈속의 사장의 행동은 이해할 수 없다는 것이다.

하지만 이 꿈은 사장한테서 뭔가를 빼앗으려는 것이 나쁜 일이 아니라, 오히려 사장이 그것을 시인하고 있음을 나타낸다고 생각할 수 없을까? 그래서 그 점을 지적하자, 이 사람은 사실은 독립해서 회사를 경영하고 싶다는 생각을 하기 시작했음을 밝혔다. 사장은 분명히 대단한 사람이며 존경하고 있다. 그러나 자신은 언제나 사장의 명령대로 행동하고 혼자 힘으로 뭔가를 끝까지 해본 적이 없다. 이번 기회에 어떻게든 독립해서 회사를 만들어보고 싶다는 것이다.

여기서 나는 그리스 신화의 영웅 프로메테우스를 연상했다. 프로메테우스는 인류를 위해 하늘에서 불을 훔쳐왔다고 한다. 그리스의 주신 제우스는 인간에게 불을 주는 것을 거부하고 있었기 때문에 인류는 밤에는 암흑 속에서 두려움에 떨며 살고 있었다. 그러자 프로메테우스는 속이 빈 풀을 가지고 하늘로 올라가서 그것을 불씨삼아 불을 훔쳐온다. 이 이야기는 너무나 유명하지만 프로메테우스가 제우스에게 한 방 먹인 이야기는 또 있다. 어느 날 소를 잡아서 제우스에게 바치는데, 프로메테우스는 고기와 영양 많은 내장은 소가죽으로 감싸고 하얀 뼈는 반질반질한 지방고기로 감싸서 맛있어 보이게 위장하고 는 제우스에게 둘 중에 하나를 고르라고 권했다. 제우스는 속 아서 뼈를 고르고는 크게 분노했다고 한다.

이 이야기에서 프로메테우스의 교활함, 신을 두려워하지 않 고 질서를 파괴하고 인간에게 행복을 가져다준 점은 앞에서 언 급한 트릭스터를 떠올리게 한다. 사실 헝가리의 저명한 신화 학자인 카를 케레니karl Kerenyi 등은 프로메테우스를 트릭스터적 인 문화영웅으로 보고 있기도 하다.

여기서 사례로 이야기를 되돌리자. 억울병으로 고민하던 남 자는 마흔이 넘은 날까지 사장을 위해 충실하게 일하는 데에 서 삶의 보람을 느끼고 그리하여 보상을 받은 사람이었다. 그 런데 지금까지의 삶의 방식을 바꿔서 사장이라는 명령을 내리 는 존재가 되어보려는 의지가 아마 3년쯤 전부터 생겨났을 것 이다. 본인은 그것을 어렴풋이 느끼면서 그에 따르는 위험성 에 대한 두려움, 사장에게 반항하는 게 아닌가 하는 죄책감 등 의 저항을 받아서 실현하고픈 생각이 들지 않는다. 노이로제 를 설명할 때 썼던 억울증의 전형적인 증상이라고 여겨진다.

『불의 정신분석』이라는 흥미로운 책을 쓴 프랑스의 철학자 가스통 바슐라르Gaston Bachelard는 그 책에서 이렇게 말했다.

"우리는 '프로메테우스 콤플렉스Prometheus complex'라는 이름 아래에, 우리로 하여금 우리의 아버지만큼이나 또는 아버지 이상으로, 우리의 스승만큼이나 또는 스승 이상으로 우리를 '알아야만' 한다고 부추기는 모든 경향을 하나로 묶을 것을 제안한다." 여기서는 '안다'는 것에 중점이 놓여 있는데, 이 '안다'는 것을 약간 광범위하게 잡으면 우리의 경우에도 적용할 수 있을 것이다.

자립하려면 우리는 불을 훔쳐야만 한다. 그것은 헝가리의 신화학자 케레니가 지적하듯이(케레니 『프로메테우스』) "피하기 힘든 도둑질"이다. 어린이가 자립해가는 과정에서 피하기 힘든 '불장난 나이'가 있다. 아버지의 눈을 피해 사고를 치고 아이들은 부모와 똑같이 행동하려 하고 비밀을 알고 싶어 한다. 사람은 유아기, 청년기의 '불장난 나이'를 지나 마흔 살 전후에 다시 그 시기를 맞이한다. 그런데 이 사례의 남자가 사장이 시키는 대로 일해온 한쪽 팔이 되어 있다는 건 청년기의 불장난을 못하고 피하기 힘든 도둑질을 피해서 통과해왔음을 의미하는 건 아닐까? 그는 마흔 살이 넘은 지금, 스무 살 때 했어야 할 불장난을 해야만 한다. 그것이 마흔 살의 불장난과 겹쳤을 때 '화상'의 위험은 너무나도 크다.

꿈속에 나타난 횡령 사원이 대학을 갓 나온 젊은이였다고 이 사람은 말했는데, 그것은 앞서 한 말을 뒷받침한다. 이 마흔 살 남자의 마음속에 사는 프로메테우스는 스무 살에서 성장이 멈춰 있었던 것이다.

'불장난 의식'을 통과하지 않고 성인이 된 사람은 많다. 이들은 도둑질이나 불장난을 하지 않고 아버지의 말을 잘 들은 사람이며 '엘리트'로 여겨질 때도 있다. 마흔 살쯤 되어서야 이들 엘리트의 마음속에서 프로메테우스가 움직이기 시작할 때, 피하기 힘든 도둑질 충동과 그에 따른 아버지에 대한 죄책감의 딜레마 때문에 자살하는 사람도 많다.

이야기가 옆길로 샜는데, 그 꿈을 통해 이 사람의 콤플렉스가 인격화된 것이 명백해졌다고 생각한다. 그리고, 그것이 대학을 갓 나온 젊은이로 나타나고 있다는 점에서 이 사람의 자립이 그리 쉽지는 않다는 것도 나타난다. 그 다음은 생략하겠지만 다행히 사장이 뛰어난 사람이었던 덕분에 두 사람은 끈기 있게 대화를 계속해 사원은 독립했고 억울병도 없어졌다.

콤플렉스의 인격화는 꿈 현상에만 국한되지 않는다. 예를 들면 제2장에서 들었던 대인공포증 여성의 경우 동기 여학생인 A를 강하게 비난하는데, 이 A를 콤플렉스가 인격화된 것이라고 볼 수도 있다. A는 너무 화장을 열심히 한다든지 남자를 낚으러 대학에 왔다고 말할 때, 그 여성은 A를 통해 인격화된 자신의 콤플렉스에 관해 이야기하고 있는 것이다. 우리가 누군 가에 대해 "준 것 없이 밉다", "왠지 싫다"고 할 때, 그 사람이 자신의 콤플렉스를 인격화한 존재가 아닌가 생각해봐도 좋을 것이다.

그런데, 앞서 든 꿈에서 사장은 어떤 콤플렉스를 인격화한 것일까? 이것은 좀 어려운 문제다. 꿈속의 사장은 현실의 사장 과 다른 행동을 하고 있다. 즉, 횡령 사원이 우수하다고 말하 고 있는 것이다. 이 사장은 현실에서는 엄격하고 독재자 스타 일이어서 사원을 자신의 말에 복종케 하는 사람이다.

콤플렉스라고 한다면, 현실의 사장이야말로 이 사람의 아버 지 콤플렉스의 인격화라고 말해도 좋을 것이다. 이 사람의 실 제 아버지와의 관계는 물어보지 않았지만, 아마도 아버지가 시키는 대로 하는 관계였음을 상상하기는 어렵지 않다. 그러 나 꿈속의 사장은, 말하자면 자신에 대한 반역을 장려하고 있 는 듯한 존재다.

여기서 프로메테우스 신화에서 보인 제우스의 역할이 상기 된다. 전지전능한 신 제우스는 왜 프로메테우스에게 속았을 까? 여기에는 제우스가 알면서도 속은 것이라는 이야기도 전 해진다(케레니 『그리스의 신들』). 여기서 제우스는 속는 것을 알고 있 으면서(또는 그것을 꾀하고), 속아서 분노한다는 '자신과 모순된' 성질을 나타내고 있다. 이런 모순된 역할을 통해 인류의 운명을 만들어가는 것이다. 그는 인간의 운명에 관한 대략의 줄거리를 쓰고 연출하고 몸소 역할을 연기한다. 또는 역할을 연기하면서 줄거리를 짜간다. 이처럼 '그 자신에게 모순된 가능성'을 가진 전지전능한 존재로서의 제우스는 단순히 어떤 개인의 아버지라는 이미지를 훨씬 뛰어넘는다. 그것은 '아버지인 존재'라고도 부르고 싶은 보편성을 갖고 있다.

융은 이처럼 개인의 경험을 뛰어넘은 보편적인 의미를 가진 표상을, 콤플렉스의 표상보다도 인간의 마음 밑바닥 깊숙이에 존재하는 것이라고 생각하고 이것을 구별하려 했다. 이 점에 관해서는 다음 장에서 다루기로 하자.

꿈속의 사장은 앞에서 말한 제우스의 역할과 닮았음을 느낄 수 있다. 그것은 확실히 부친상과 관련된 것이면서, '횡령' 또는 자신에 대한 '반항'을 오히려 칭찬해야만 할 일로 지적하는 커다란 지혜를 갖고 출현하고 있다.

콤플렉스의 인격화 문제에서 이야기가 너무 확장되기는 했지만, 꿈속에서 콤플렉스가 인격화되어 출현한다는 것을 알았으리라. 이제 꿈의 의미에 대해 좀 더 일반적으로 고찰해보자.

2. 꿈의 의미

꿈속에서 콤플렉스가 인격화되어 출현하는 것을 앞에서 이야기했는데, 꿈의 일반적인 의미는 그보다 훨씬 넓다. 여기서는 꿈에 관한 전반적인 고찰은 생략하고 콤플렉스 문제나 지금까지 논해왔던 점과 관계된 범위에 한정해서, 예를 들어가며 꿈의 의미를 명백하게 하고자 한다.

먼저 예를 하나 들어보겠다. 동성애로 고민하고 있는 어느 남자 고등학생의 꿈이다.

꿈. 나는 내 방에 있었다. 그러나 방은 가구가 하나도 없이 텅 비어 있고 나는 혼자였다. 옆방에는 친구(동성애 상대)가 그의 친구와 함께 방에 가구를 가득 들여놓고 있었다.

이 꿈에서는 자신의 방의 빈곤함과 옆방의 풍부한 가구와의 대비가 명백하다. 자신의 방으로 나타난 자아에 비해 옆방, 즉 콤플렉스 쪽이 많은 에너지를 저장하고 있다고도 볼 수 있지만, 여기서 '가구'에 대해 무엇을 연상하는지를 물어보았다. 그랬더니 '따뜻함, 풍부함, 가정의 분위기' 등을 연상하고, 이어서 친구 집을 방문했을 때 경제적으로만 풍족한 것이 아니라 가족 간의 사이도 좋아서 정말로 '따뜻한 집이구나' 하고 생각했던 것 등을 이야기했다. 그리고, 그 집에 비하면 자신의 집은 가족관계가 비참하고 차갑고, 집에 있어도 가정이라는 느낌이 없다는 등의 이야기도 하는 것이었다.

이런 이야기들을 하면서, 결국 그런 친구를 동성애 대상으로 고른 이유는 자신이 '친구처럼 따뜻한 가정에서 자랐으면 좋았을걸', '우리 집이 이랬으면 좋겠다'고 바랐기 때문이었음을 깨달았다.

이 학생은, 자신이 왜 그런 친구와 동성애에 빠졌는지를 명확히는 설명하지 못했다. 그러나 이 꿈에는 그에 대한 하나의 해답이 제시되어 있다. 이와 같이, 자아가 명확하게 파악하고 있지 않았던 부분에 대한 설명을 꿈이 나타내는 경우가 많다.

지금까지 많은 예를 들어가며 설명했듯이 우리의 행동은 콤플렉스의 영향을 많이 받고 있다. 그러나 자아는 콤플렉스의 실태를 파악하지 못해 힘들어하는 일이 많다. 앞의 예에서 소년은 동성애라는 증상으로 고민하고 있다. 그런데 잠자는 동안에는 자아의 힘이 약해지므로 콤플렉스의 활동이 활발해져서 그 움직임을 자아는 꿈으로 파악하게 된다. 이런 의미에서, 꿈의 내용은 자아가 파악하지 못하고 있는 마음의 움직임을 종종 전달해준다. 말하자면 우리는 꿈을 꿈으로써 콤플렉스의 상태를 알 수 있는 것이다.

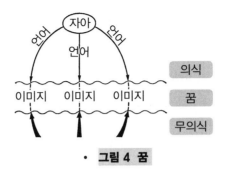

· **그림 4 꿈**

여기서 문제가 되는 것은 꿈이 이미지로 파악된다는 점이다. 앞에 든 예를 들자면 '가구'가 '있다/없다'라는 이미지가 커다란 의미를 갖는다. 이것은 제1장에서 말했듯이, 자아가 그 내용을 언어화함으로써 정리하고 통합하고 있는 데 비해, 아직 완전히 통합되어 있지 않은 내용이 이미지로 파악됨을 나타내고 있다. 바꿔 말하면, 이미지는 무의식이 자아에게 말을 거는 언어라고 해도 좋다. 그러므로 그 의미를 명확히 파악하려면 자아는 그 이미지를 언어화함으로써 자신의 것으로 삼아야만 한다. 이것이 말하자면 꿈 해석이다. 예를 들어 앞의 경우에서는, 가구에 대한 연상을 통해서 고교생이 자신의 동성애의 원인을 언어화하여 명확하게 한 것이 꿈 해석인 것이다.

이상의 설명을 통해 꿈의 중요성을 알았겠지만, 반면에 이것은 꿈 의미의 불명확성도 나타낸다. 말하자면, 의미가 명확하다는 것은 자아에 의해 완전히 파악되었다는 말이며, 이런 점에서 꿈은 사아에 의해 명확히 언어화되지 못한 내용을 포함하는 것이므로 이해하기 어려운 점이 많은 것도 당연하다. 사실 누군가에게 어떤 꿈 이야기를 들어봤자 알 수 있는 건 거의 없다. 그 사람의 의식상태를 파악하고, 꿈의 내용에 관한 연상을 자세히 들은 다음, 그리고 나서 두 사람이 엄청나게 골머리를 앓고서야 겨우 의미를 알아낼 수 있다. 또한 그토록 고생하고도 아무것도 알아내지 못하는 경우도 많다. 자아에게는 불가해한 콤플렉스라는 대상을, 꿈의 이미지를 명확하게 해가면서 그 한 조각의 의미를 알아낸다. 그렇게 끈기 있게 꿈 분석을 계속함으로써 점차 이미지를 명백하게 밝혀나가는 것이다. 하지만 그 과정이 힘들고 엄청난 인내력이 필요한 일이라는 것은 앞에서 콤플렉스 해소라는 점에 대해 설명했던 것과 마찬가지다.

예를 하나 더 들어보자. 어느 젊은 여성이 꾼 꿈이다.

꿈. 나는 결혼한 언니의 집에 있다. 방은 지하에 있고 왠지 조금 지저분했다. 그러나 가족의 분위기는 아주 따뜻해서 "이거야말로 이상적인 가정이야"라고 생각했다. 그 뒤 나는 계단을 올라 그 집을 떠나 지상으로 나왔다.

언제나 그렇듯이 연상을 물어보자, 이 여성의 언니는 말하자면 여성스러운 삶을 사는 사람으로 세상의 기대에 걸맞은 여성으로 성장했으며, 언니의 그런 점을 높이 평가한 좋은 인연을 만나 행복한 가정을 꾸리고 있다고 한다. 카인과 아벨 이야기를 들먹일 필요도 없이 형제란 '또 하나의 나'로서의 역할을 하는 경우가 많다. 그 삶은 긍정하든 부정하든 커다란 영향을 미친다. 여성의 행복이라는 점에서 생각하면 이 꿈을 꾼 여성에게 있어서 언니는 하나의 이상적인 상像이었다. 그러나 성장해서 자신도 결혼할 나이가 되자 의심도 생겨났다. 한 사람의 인간으로 살아간다는 점에서 생각하면 언니의 삶은 너무나도 자신을 포기한 삶인 것 같다고 생각하게 된 것이다.

이 꿈은 언니의 가정을 이상적이라고 생각하면서도 그곳을 떠나 혼자서 지상으로 나간다는 점이 인상적이다. 즉, 언니와의 동일화를 그만두고 자신의 생각에 따라서 나아가야겠다는 결심과 고독감 등이 잘 나타나 있다. 언니가 아무리 행복해도 언니는 언니일 뿐이다. 자신은 자신의 길을 스스로 걸어야 하므로 지하 세계에 안주하고 있을 수는 없다. 이런 점을 꿈의 이미지가 분명하게 그려내고 있는 것이다. 이럴 때의 꿈은, 콤플렉스 자체보다 그와 관련된 자아의 상태에 중점을 두고 있는 듯하다.

또 다른 예를 들어보자. 서른이 넘은 독신 남성의 꿈이다. 이 남성은 여자 친구도 많고 경제적으로도 풍족한 사람이었다. 독신생활을 좀 더 즐기기 위해, 그리고 사생활에 편리하기도 하므로 최신형 승용차를 사기로 했다. 그 차를 사기 전날에 꾼 꿈이다.

꿈. 자동차를 한 대 샀다. 자동차는 엄청나게 낡았고 녹이 슬어 있었다. 놀랐지만 아무튼 차에 탔다. 키를 돌리자, 차는 산산이 부서져 떨어지고 차바퀴까지 빠지고 말았다. 나는 충격으로 눈을 떴다.

이 꿈을 꾸었을 때 그의 충격은 아주 컸다. 자동차를 사지 말까 생각했을 정도였다.

이 꿈은 그 남자가 새 차를 사는 것에 갖고 있던 '꿈'을 완전히 깨뜨렸다고 한다. 이 사람의 자아는 그때까지의 독신생활을 마음껏 즐기고 있었다. 새 차를 사는 일은 그런 생활에 날개를 다는 셈이 될 터였다. 그러나 꿈은 정반대의 것을 시사하고 있다. 이 사람의 생활에 관해서는 여기서는 언급하지 않겠지만 아무튼 이 꿈은 남자에게 그의 삶이 허위이고 무너지기 쉬운 것임을 뼈저리게 느끼게 해주었다.

이 남자가 열등감 콤플렉스를 무리하게 억압하고 자신의 권위를 과시함으로써 여자 친구들을 매료시키려고 새 차를 사려할 때, 이 사람은 그 빛나는 면만을 의식하고 있다. 자아는 그런 의식에 기뻐하고 있지만 열등감 콤플렉스는 사상事象의 뒷

면을 놓치지 않는다. 새 차라는 무기를 무리하게라도 사들여야만 자신의 훌륭함을 과시할 수 있다는 것, 그리고 그 무기도 본질적으로는 별로 강력하지 않고 고물차와 별 차이가 없음을 열등감 콤플렉스는 잘 알고 있다. 그리고 새 차를 손에 넣는 기쁨에 넘쳐 있는 자아에 대해서 이면의 진실을 강렬한 이미지로 들이댔던 것이다.

이때, 누군가 그런 점을 남자에게 충고하거나 지적했을지도 모른다. 그러나 남자는 아마 그런 충고나 지적에 동의하지 않았을 것이다. 그런데 꿈은 강렬한 이미지로 자기 자신의 '체험'으로서 하나의 사실을 들이댄다. 이것이 꿈 이미지의 강력한 점이다. 자아는 뭔가를 언어화하고 개념화함으로써 그것을 자신의 것으로 삼는다. 그러나 이런 개념화에 의해 '체험'을 제한함으로써 스스로의 안정을 꾀한다고 앞장에서 이야기했다. 이렇게 생각하면 이미지는 그런 개념의 방위를 깨부수고 자아에게 하나의 직접 체험을 얻게끔 하는 데에 커다란 의의가 있음을 알 수 있다. 이미지의 직접성이란 바로 이런 것이다.

자아가 체험을 너무나 극단적으로 제한해서 일면적이 될 때에, 남겨진 체험은 콤플렉스를 만들어낸다. 그 콤플렉스는 꿈이라는 표상을 통해 자아에게 재체험을 요구한다. 이런 의미에서 융은 꿈의 보상작용을 강조한다. 말하자면, 자아가 너무나도 일면적이 될 때 꿈이 그것을 보상하는 듯한 움직임을 보인다는 것이다. 이 꿈을 놓고 생각해보면, 남자가 새 차를 사는 기쁨만을 느끼고 있을 때 그에 대한 보상으로 이런 꿈을 꾼 것이라고 생각할 수 있다.

이런 꿈을 꾸더라도 자아는 그에 대해 다양한 태도를 취할 수 있다. 먼저, 그냥 꿈이라고 웃어넘겨버릴 수도 있다. 또는 다음 날 차를 살 때 신중하게 점검해서 이상이 없음을 확인하고 '꿈은 반대다'라고 생각할 수도 있다. 이 꿈 때문에 왠지 불안해져서 차를 다른 판매점에서 살 수도 있다. 이들도 모두 어떤 의미에서는 '꿈 해석'이다. 즉, 꿈이라는 체험을 자아가 어떻게 통합해갈 것인지를 나타내고 있다.

꿈은 한 가지로만 해석되지는 않는다. 융도 꿈의 다의성을 자주 언급하고 있다. 우리는 그중에 어떤 해석이 옳은지를 생각하기보다는 어떤 해석이 그의 자아를 바꾸어 자기실현을 구현하는 데에 좋을지를 문제 삼는 것이 더 나을지도 모른다. 즉, 여기에 든 예라면 새 차 구입의 뒷면에 숨어 있는 열등감 콤플렉스를 분명하게 인정하고 뼈아픈 진실에 직면함으로써 자신의 삶의 방식을 바꾸려 하는 해석이 커다란 의미를 가질 수 있다.

이런 의미에서 꿈 분석이란, 콤플렉스와의 대결이라는 힘든 일을 부과받은 것이 된다. 그것은 단순히 지적知的인 일이 아니다. 고물차의 충격 체험은 강한 감정을 동반한다. 이런 체험을 하고 그것과 직면할 수 있는 강한 자아를 가진 다음에야 비로소 꿈을 계속해서 분석해갈 수 있으며, 그 과정은 앞장의 콤플렉스 해소 과정에서 썼던 것과 완전히 똑같다.

꿈 현상은 처음에도 썼듯이 훨씬 넓은 의미를 갖고 있지만, 여기서는 콤플렉스와의 관계에 대해서만 설명했다. 이런 점에서 다음에는 커다란 문제가 되는 남성과 여성에 대해 간단히 이야기해보고자 한다.

3. 남성상과 여성상

남성과 여성의 문제에 관해서는 지금까지 수많은 책이 쓰였고 앞으로도 쓰일 것이다. 인간에게 이보다 더 흥미로운 문제는 없을지도 모른다. 이 헤아릴 수 없이 커다란 문제에 대해서도, 콤플렉스와 관련지어 간단히 이야기해보겠다.

남성과 여성은 신체적, 생리적으로 명백히 구별된다. 그것을 배경으로 심리적으로도 성의식의 차이가 존재한다. 남성이라면 자신을 남성으로 인식하고 사람들이 남성스럽다고 생각하는 속성을 자신의 것으로 하려고 노력하고, 그것을 자신의 것이라고 느낀다. 여성도 마찬가지다. 그리고 양자의 속성은 양립하기 힘들고, 또한 사회적인 요구도 있으므로 남녀의 성차에 따라 일반에게 남성스러움이나 여성스러움이라 불리는 성격을 가진 자아가 형성되어간다. 그러나 최근의 문화인류학 연구, 예를 들면 마거릿 미드Margaret Mead의 『세 부족사회에서의 성과 기질』(1935) 등을 통해 이런 남성스러움, 여성스러움이 남녀의 성차에 토대를 둔 절대적인 것이라고 말할 수 없으며, 문화에 따라 다르다는 것이 밝혀졌다. 예를 들어 여자가 밖에서 활동하고 남자가 가정과 아이들을 돌보는 미개사회도 존재한다는 것이 드러났다.

인간이 태어날 때, 문화나 사회의 영향을 받기 이전에 태생적으로 얼마나 성차가 있는지는 명확하지 않다. 다만 신체기능의 차이로 미루어 어떤 차이는 있을 것으로 여겨진다. 그러나 이른바 남성적, 여성적인 속성은 사회나 문화의 영향에 따라 상당히 일방적으로 형성된다는 것을 생각하면, 어떤 인간이 그 사회에서 인정되는 남성적 자아를 형성해갈 때 여성적인 면은 하나의 콤플렉스를 형성해간다고 여겨진다. 여성의 경우도 마찬가지로 남성 콤플렉스를 갖게 된다고 여겨진다. 바꿔 말하면, 모든 남성은 잠재적으로 여성적인 면을 갖고 있으며,

모든 여성도 남성적인 면을 무의식 속에 가능성으로 갖고 있다고 말할 수 있다. 다만, 그 깊은 층까지 개발하는 것은 불가능하다고도 여겨지고 있기는 하다.

남녀가 역할을 정하고 서로 돕는 것은 나쁜 일이 아니다. 문제는 그 역할에 우열의 가치관이 따르는 것이다. 그리고 현대 문명사회에서는 일반에게 남성적 역할을 중시하는 경향이 강하므로 여성이 남성에게 대항하려고 할 때 여성 역할의 중요성을 주장하기보다는 오히려 여성도 남성적 역할을 수행할 수 있음을 보이려 한다. 그 때문에, 여성은 그 잠재적인 남성성을 한꺼번에 드러내려고 안달복달하므로 자아와 콤플렉스의 동일화 현상이 일어난다.

여성에 있어서 남성적인 강함과 독립심 콤플렉스를 '디아나 콤플렉스Diana complex'라고 부르기도 한다. 디아나는 그리스의 여신 아르테미스의 로마식 이름이다. 아르테미스는 수렵에 능하고 당당하고 위엄 있는 아름다움을 가진 처녀신이다. 아르테미스가 목욕하는 모습을 훔쳐본 악타이온은 이 기품 있는 여신의 저주를 받아 사슴으로 변해 자신이 키우던 사냥개들에게 물려죽는다. 이 이야기는 처녀신 아르테미스의 분노가 무시무시함을 나타내는 것으로 너무나 유명하다. 디아나 콤플렉스와 동일화한 여성은 그만큼 무시무시하지는 않더라도 남성에게 의지하지 않고 독신을 고집하며, 만약 결혼을 하더라도 상대 빙을 비남성화해버린다.

앞에 설명했듯이 현대의 경향에 맞춰 대부분의 여성은 디아나 콤플렉스와 무관하다고 할 수 없으며, 이 여성들과 만나는 남성은 디아나의 특기인 활에 맞아 상처 입을 각오를 해야 한다. 잘못 만났다간 기르던 개에게 물려죽은 제2의 악타이온이 될지도 모른다. 그러나 이런 위험을 무릅써야만 비로소 남녀 양성의 자아의 확대가 이루어지고 새로운 남녀의 통합이나 삶의 방식이 탐색될 것이다.

디아나 콤플렉스를 완전히 억압하고 있는 여성은 자립성이 너무 부족해서 같은 여성들은 상대해주지 않고 남성들한테 사랑받는 경우가 많다. 이런 사람들은 약간 미인인 경우가 많다. 게다가 개성이 부족하므로 남성들의 이른바 '투영'을 받아들이기에 좋은 상태다. 당연히 많은 남성이 주위에 몰려든다.

여성의 마음에 숨어 있는 남성성의 문제는 앞으로 더더욱 큰 문제가 되어갈 것이다. 가정 내의 노동량의 급격한 감소에 따라 가정주부에게 많은 잉여 에너지가 생겨난 것, 그리고 남성적 역할이 우위라고 생각하는 경향이 서로 어우러져 대부분의 여성은 내부에 있는 남성성과의 대결을 강요받는다. 여성의 자기실현은 우리 시대에 주어진 어려운 과제 가운데 하나다.

융은 이 과제와 오랫동안 씨름하여 여성의 마음속에 있는 남성성이 여성의 꿈속의 남성상으로 인격화되어 출현한다는 것을 알아냈다. 그리고 그들 남성상 연구를 통해서 그것이 콤플렉스라 부를 수 있는 범위를 넘어서는 것이자, 어느 인간의 개인적 체험을 넘어선 보편적인 성질을 가진 것임을 명백하게 드러냈다.

이것은 남성의 마음속 여성성에 있어서도 마찬가지다. 남성의 마음속에 사는 여성상도 콤플렉스라 부르기에는 너무나도 보편적인 넓이를 갖고 있다. 하나의 예로 여기에 자서전인『칼 융: 기억, 꿈 사상』에서 말하고 있는 융 자신의 꿈을 들어보자. 융이 프로이트와 결별한 뒤 자신의 길을 찾으며 고뇌하던 시기인 1912년 크리스마스 무렵에 꾼 꿈이다.

꿈. 나는 이탈리아풍의 복도에 있었다. 기둥과 바닥, 난간은 대리석으로 만들어져 있었다. 나는 참으로 멋진 테이블 앞에 놓인 의자에 앉았다. 의자는 르네상스풍의 금빛 의자였고, 테이블은 에메랄드 같은 반짝이는 녹색 돌로 만들어져 있었다. 나는 앉아서 먼 곳을 바라보고 있었다. 그 복도는 성의 탑 위쪽에 만들어져 있었다. 아이들도 테이블 주위에 앉아 있었다.

갑자기 하얀 작은 새가 날아 내려왔다. 작은 바닷갈매기나 비둘기 같았다. 그것은 책상 위에 얌전히 섰다. 나는 아이들에게 조용히 하라고 신호를 보냈다. 이 귀여운 하얀 작은 새가 놀라서 도망가지 않게 하기 위해서였다. 홀연히 비둘기가 소녀로 변신했다. 여덟 살쯤 된 금발의 소녀였다. 그녀는 아이들과 어울려서 성의 주랑 사이에서 함께 놀고 있었다.

나는 지금 벌어지고 있는 상황을 즐기면서 생각에 잠겼다. 소녀가 돌아와서 나의 머리에 팔을 부드럽게 휘감았다. 그리고 갑자기 그녀는 모습을 감추고 비둘기로 돌아와서 인간의 목소리로 천천히 말했다. "그 밤의 최초의 시간에만 나는 인간의 모습이 될 수 있습니다. 그러나 수컷 비둘기는 12인의 죽은 이와 바쁘게 일하고 있습니다." 그리고 그녀는 푸른 하늘로 날아서 사라져갔고 나는 잠에서 깨어났다.

이 기묘한 꿈은 당시의 융에게는 이해할 수 없는 것이었지만 그에게 깊은 감동을 안겨주었다. 여기서 비둘기의 화신으로 나타난 소녀는 융을 부드럽게 감싸안고 프로이트와의 결별로 인한 상심을 달래주는 것 같다. 그리고 마지막엔 비밀로 가득한 말을 남기고 푸른 하늘로 사라져갔다. 이런 여성상은 동화 속에 많이 등장한다. 비둘기나 백조나 사슴 등이 여성으로 변신해서 남성을 위로하거나 좋은 충고를 해준다. 이런 경우, 이 여성상은 그 남성에게 있어 구원이거나 살아가는 방향을 제시하는 사람이다. 이 여성상은 그 남성의 개인적 체험 속에서 억압되었던 심적 내용 따위보다는 훨씬 깊고 보편적인 존재를 나타내는 것이라고 생각할 수 있다.

이런 여성상의 전형적인 것의 하나인 「백조 공주」는 전 세계의 전설이나 옛 이야기에서 찾아볼 수 있다. 괴테가 말한 '영원히 여성적인 것'은 이런 여성상이 고양된 것이라 할 수 있다.

융은 위와 같은 고찰을 진척시켜 인간의 무의식 속에는, 개인의 체험에 따라 억압된 심적 내용을 주로 하는 개인적 무의식의 층과, 인류 일반에게 공통되는 보편적 무의식의 층이 존재한다는 생각을 하게 되었다. 그리고 후자를 통해 인류에 공통된 기본적인 유형類型을 찾아낼 수 있다고 생각하고 그것을 '원형元型(아키타이프archetype)'이라고 불렀다. 이에 관해서는 다음 장에서 설명하겠지만, 지금 이 경우에서는 남성의 마음속에 생겨난 여성상의 원형의 존재를 가정하고 그것을 '아니마anima'라고 이름 붙였다.

여성의 경우도 마찬가지로 그 마음속에 존재하는 남성상의 원형을 '아니무스animus'라고 이름 붙였다. 원형으로서의 아니마와 아니무스는 말하자면, 콤플렉스의 배후에 존재하며 콤플렉스의 활동을 규정하는 저류底流 노릇을 하고 있다고도 말할 수 있다. 예를 들어 메시아 콤플렉스의 배후에서 아니무스가 힘을 보태주고 있다면 그 여성은 열심히 자선사업을 벌일 때 남성보다 뛰어난 대활약을 할 수 있을 것이다. 그리고 그것이 약간 지나치면 —그렇게 되는 일이 많은데— 즐거운 모임에서 자선의 본질에 대해 '남성을 압도하는' 연설을 하기도 한다. 그럴 때 이 사람은, 이야기 내용은 그야말로 한없이 옳고 훌륭하지만 분위기와는 어울리지 않음을 전혀 고려하지 않거나, 일반론으로서는 분명히 옳지만 개별적인 경우에는 적용하기 힘든 의견을 당당하게 말하곤 하는 경향이 강하다.

남성의 경우도 마찬가지다. 예를 들면 카인 콤플렉스에 아니마의 힘이 작용할 때 이 남성은 동료를 뒤에서 은밀하게, 그러나 집요하게 공격해댈지도 모른다. 그럴 때 이 사람은 '얄팍한 계집애 같은 놈'이라는 낙인이 찍히기도 한다.

물론, 아니마와 아니무스는 마이너스적인 영향만 끼치지는 않는다. 플러스적인 의미도 아주 큰 존재다. 그것은 글자 그대로 우리의 삶에 생명력을 불어넣는 것이라고까지 말할 수 있다. 참고로 라틴어로 아니마(아니무스는 남성형)는 그리스어의 아네모스(바람)와 같은 말이다. 이것은 이성異性이 존재하지 않는 세계가 얼마나 무미건조할지 상상해보면 알 수 있다.

하나의 예로, 아니무스의 플러스적인 면을 나타내는 꿈을 제시해보겠다. 이것은 융의 제자인 폰 프란츠Marie-Louis von Franz 여사가 제시한 마흔 다섯 살 부인의 꿈이다(폰 프란츠 「개성화의 과정」).

꿈. 복면을 쓴 두 사람이 발코니를 올라 집으로 침입해왔다. 그들은 까만 두건이 달린 코트에 몸을 숨기고 있고 나와 여동생을 괴롭히려 하고 있는 것 같았다. 여동생은 침대 밑에 숨었는데 그들은 빗자루로 몰아내어 그녀를 괴롭혔다. 다음은 내 차례였다. 두 사람 가운데 리더는 나를 벽으로 밀어붙이고 나의 눈앞에서 마술적인 몸짓을 했다. 그러는 동안에 부하는 벽에 스케치를 그렸다. 그것을 본 나는 (친한 척해보려고) "어머나, 참 잘 그렸네요!" 하고 말했다. 그러자 나를 괴롭히고 있던 이는 고상한 예술가의 얼굴이 되어 "그렇죠?" 하고 자랑스럽게 말하고는 그 그림을 지우기 시작했다.

이 꿈을 꾼 부인은 불안신경증으로 고민하고 있었고 강렬한 불안 발작에 자주 시달리고 있었다. 이 꿈에 나타난 두 사람의 남성상, 말하자면 그녀의 아니무스상이 처음에 그녀를 괴롭힌 것은 그런 불안 발작에 대응하는 것일 터이다. 그런데 꿈에 나타난 여동생은 그림에 상당한 재능을 갖고 있었지만 그것을 발휘하지 못한 채 일찍 죽었다. 이 부인도 그림에 재능이 있었지만, 그 재능을 펼치는 것이 과연 의미가 있을지 미심쩍어하면서 아무것도 하지 않고 있었다. 그러나 꿈속에서 그녀가 남성의 그림 재능을 인정했을 때, 그들이 그녀를 괴롭히는 인간에서 고상한 예술가로 변한 것은 그녀가 잠재적으로 갖고 있는 그림 재능을 펼쳐야 한다고 시사하고 있다. 실제로 그녀의 불안 발작도 그녀가 자신의 재능을 펼치는 것을 거부하고 평범한 여성으로만 살려고 해왔던 것에 대한 경고였다고까지 생각할 수 있다.

융은 신경증의 원인으로 그 사람이 "평균 이상의 어떤 것을 갖고 있기" 때문이라고까지 말할 수 있는 경우가 있다고 주장한다(「심리요법의 기본문제」). 이 부인의 예가 거기에 해당된다. 그녀는 자신 안의 아니무스를 받아들여 창조 활동을 해야만 신경증을 극복할 수 있다. 그리고 그때 그녀의 아니무스는 그녀의 인생을 풍성하게 하는 요소로서 커다란 의미를 갖게 될 것이다.

남성과 여성의 문제를 이야기하는 이상, 융이 주장하는 원형으로서의 아니마, 아니무스를 언급하지 않을 수 없다. 원형 문제는 다음 장에서도 간단히 이야기하겠지만 여기서는 콤플렉스와의 관련 속에서 잠깐 설명을 해보겠다.

4. 꿈속의 '나'

꿈속에서 콤플렉스가 인격화되는 것, 또는 아니마나 아니무스가 꿈속에서 이성상으로서 표상화되는 예를 앞에서 제시했다. 여기서 한 가지 의문이 생겨난다. 그것은 도대체 꿈속의 '나'는 무엇일까, 무엇을 표상하고 있는 것일까 하는 의문이다.

제2장에서 '또 하나의 나'로서의 이중인격이나 분신이라는 특이한 현상이 존재한다고 말했는데, 사실은 꿈속에서 우리가 이 현상을 체험하고 있다고 말할 수 있지 않을까? 우리는 꿈속에서 도둑질을 하거나 여러 가지 나쁜 짓을 하고, 때로는 살인까지도 저지른다. 이것은 깨어 있을 때의 나와 비교하면 완전히 이중인격적 행위라고 말하지 않을 수 없다. 또한 우리는 꿈속에서 '나'의 모습을 보는 일이 많다. 꿈속에서 절벽에서 떨어져가는 자신의 모습이나, 자신이 싸우고 있는 모습 등을 보는 일이 자주 있다. 생각해보면, 이것은 엄연한 자기상 환시 현상이 아닌가.

이렇게 생각하면, 꿈속의 '나'의 의미가 이중인격이나 분신의 의미에 관해 생각했던 것과 똑같은 관점에서 이해된다. 꿈속의 '나'는 자아 그 자체는 아니지만, 가능성으로서의 자아,

또는 잠재적 자아상이라 불러야 마땅할 것이리라. 인간의 특별히 뛰어난 장점은 자기 자신을 하나의 대상으로 볼 수 있다는 점이다. 자아는 자아를 대상으로 해서, 자신은 친절한 마음이 적다든지, 자신은 머리가 좋다는 등의 판단을 할 수 있다. 자아는 미래의 가능성으로서 일어날 일이나 미래에 처할지 모르는 위험성 등과도 관련해서 자기 자신을 대상화할 수 있다. 그러나 그것이 꿈에서 일어날 때에는 단순한 사유의 대상으로서가 아니라 행위하고 체험하는 것으로서 나타난다는 점이 특징이다. 그리고 그것은 앞에서 말했듯이 이미지로 파악된다. 꿈속의 나는 주체이자 객체이다. 이만큼 생생한 자아상이 또 있을까?

꿈속의 나는 장래의 가능한 체험을 미리 한다. 앞에서 제시했던 꿈이라면, 불안신경증 부인은 자신의 잠재적인 그림 그리는 능력을 생각한 것이 아니라, 그 능력을 인정하는 것, 또는 그것을 인정한다는 것의 불가사의한 효과를 체험했던 것이다. 그러나 그것은 어디까지나 가능성의 세계에서의 일이다. 그것이 진짜 이루어지려면 이 부인이 실제로 붓을 잡고 그림을 그려봐야 한다.

꿈속의 나는 과거의 나인 경우도 있다. 그것은 자아가 잊어버리고 있던 나의 한쪽 면일 수도 있다. 깨어 있을 때의 자아는 콤플렉스에 대해서 방위를 작동시켜 비교적 자율성을 갖고 있다. 그러나 꿈속의 자신은 콤플렉스와의 관계를 보다 생생하게 체험하고 있다. 꿈속의 나는 콤플렉스와 강한 관련성을 갖고 있는 자아의 한 측면이며, 콤플렉스와 자아의 대결을 통해 자아의 발전이 이루어진다는 점을 생각하면, 꿈속의 나란 자아 발전의 가능성을 나타낸다는 것도 알 수 있을 것이다.

그런데 꿈속에서도 '분신' 현상이 일어나는 경우가 있다. 꿈속에서는 자기 자신의 모습을 본다는 의미에서는 자기상 환시적이지만, 내가 꿈속의 분신 현상이라고 부르는 것은 좀 더 명확하게는 꿈속에서 자신이 자신을 만나거나 자신이 둘인 경험을 하는 경우이다.

그런 예를 다음에 들어보겠다. 이것은 어느 여자 대학생이 꾼 꿈이다.

꿈. 어머니가 책상 위의 짐을 정리하고 있다. 자신은 그 옆에 있다(자기 집인데, 현실의 자기 집과는 다르다). 어머니가 갑자기 쓰러져서 죽는다. 나는 매달려서 우는데 이상하게도 옆방에서 또 하나의 내가 빗자루를 들고 청소를 하고 있다.

이 여성은 어머니와의 관계가 좋지 않아 그것을 개선해보려고 상담하러 온 사람이었다. 어머니는 사사건건 딸의 결점을 지적하고 나무란다. 결국은, 그렇게 결점이 많으면 시집도 못

갈 테니 평생 독신으로 집에 있으라고 한다. 이런 싸움이 끊이지 않는 부모 자식 관계는 사실상 두 사람의 무의식적인 결합을 배경으로 하고 있다. 어머니와 딸은 한 몸이며, 어머니는 그것을 토대로 아무리 공격해도 딸이 자신으로부터 떨어져나가지 않으리라는 전제를 깔고 야단이나 비난을 되풀이하고 있다. 그런데 두 사람 모두 사실은 분리해가야만 한다는 것을 어렴풋이 깨닫고 있다. 그래서 싸움은 격렬해지지만 일체감을 토대로 응석 부리는 감정이 있기 때문에, 그 상태를 개선하려 노력하지는 않는다.

이런 부모 자식 관계는 많이 볼 수 있다. 싸움이 많다는 것이 반드시 두 사람이 분리되어 있음을 나타낸다고는 말할 수 없다. 무의식적 결합을 토대로 한 말싸움은 파괴도 건설도 초래하는 일 없이, 똑같은 일을 영원히 되풀이하고 있는 것에 지나지 않는다. 그것은 진정한 대결이 아니다.

치료자와의 대화나 꿈 분석을 통해서 이런 것들을 점차 알기 시작했을 무렵에 앞의 꿈을 꾼 것이다. 아이가 부모로부터 떨어져 독립하려 할 때, 그 부모상의 급격한 변화를 나타내는 것으로서 부모가 죽는 꿈을 꾸는 일이 많다. 그것은 헤어짐의 슬픔을 강렬하게 체험케 한다. 이 슬픔과 고독을 견디지 못하는 사람은 부모로부터 독립할 수 없다.

이 꿈속에서 '나'는 어머니의 갑작스런 죽음을 슬퍼하지만 '또 하나의 나'는 마치 뭔가를 정리하고 싶다고 말하는 듯 청소를 하고 있다. 이 양자는 둘 다 중요하지만 어느 한쪽이 너무 강하면 곤란해진다. 전자의 마음이 너무 강하면 딸은 부모로부터 독립할 수 없을 것이고, 후자의 마음이 너무 강하면 인간적인 감정이 결여된 사람으로서, 부모뿐만 아니라 다른 사람으로부터도 고립된 인간이 되고 말 것이다. 꿈속의 분신이라는 체험을 통해, 이 사람은 양립하기 어려운 경향을 동시에 체험했다고 할 수 있다.

결국 이 여성은 어머니와의 뜻깊은 싸움을 완수하고 자립의 방향으로 나아가고 있는데, 이 꿈은 앞에서의 설명과 같은 의미에서 아주 중요한 것이었다. 이 꿈에서 어머니에게 매달려 울던 나는 각성시의 자아에 가까운 것이며, 냉담한 내가 그것을 보상하는 경향을 나타낸 것이었으리라.

제2장에서 말했듯이, 자아의 일면성에 대해 그것을 보상하는 듯한 '또 하나의 나'를 보내오는 주체로 융은 자기自己라는 개념을 세웠는데, 이 자기는 마음 깊은 곳에 존재하며 자아존재의 기초를 이루고 있는 하나의 원형元型이라고 할 수 있다. 이 원형으로서의 자기가 꿈속에서 어떤 이미지로 그 성질의 일부를 명확하게 하기도 한다. 그런 자기상의 한 예로 융이 자서

전에 쓰고 있는 꿈을 들어보겠다.

꿈. 나는 하이킹을 하고 있었다. 나는 언덕이 있는 풍경 속의 작은 길을 걷고 있었다. 태양은 빛나고 사방이 시원하게 탁 트인 광경이 펼쳐졌다. 이윽고 나는 길 끝에 있는 작은 예배당에 도착했다. 문이 조금 열려 있어서 안으로 들어갔다. 놀랍게도 제단에는 마리아상도 십자가상도 없고, 멋진 꽃꽂이가 있을 뿐이었다. 그러나 제단 앞의 그 꽃 위에는 한 사람의 요가 행자가 이쪽을 향한 채 결가부좌를 틀고 깊은 명상에 잠겨 있었다. 그의 얼굴을 좀 더 자세히 보자, 그가 나의 얼굴을 하고 있음을 알았다. 나는 깊은 공포에 사로잡혀 눈을 뜨면서 생각했다. "아, 그는 나를 명상하고 있는 사람이다. 그는 꿈을 꾸고, 나는 그 꿈이다." 만약 그가 눈을 뜨면 나는 이미 존재하지 않게 될 것임을 나는 알고 있었다.

이것 역시 '또 하나의 나', 그것도 아주 깊은 의미를 가진 '또 하나의 나'의 꿈이다. 자신이라는 존재가 한 사람의 요가 행자의 명상 내용의 일부이며, 그 행자가 명상을 그만둘 때 자신의 존재도 상실될 것이라는 체험은 융의 마음속에 형용할 수 없는 깊은 감동을 불러일으켰을 것이다. 융도 쓰고 있듯이, 이것은 자아와 자기에 관한 꿈이다. 자아를 한 사람의 행자의 명상 내용에 지나지 않는다고 느끼는 강한 자아 왜소감과, 그런 위대한 사람이 자신의 내부에 존재한다는 확신은 모든 종교 감정의 토대가 되는 것일 터이다. 서양적인 예배당 안에서 예수나 마리아 대신에 명상하고 있는 동양의 행자는 융의 자기상에 걸맞은 존재다.

상당히 오래전 일이다. 자신이 인생에서 경험할 것들은 거의 경험했고 더 살아봤자 시시하므로 자살할 생각이라는 사람을 상담한 적이 있다. 이야기를 들어보니 감탄스러울 정도로 다양한 경험을 한 사람이었다. 그리고 더 살아봤자 시시하다는 권태감과 허무감도 강했다. "나는 인생의 98%를 살아왔으니 지금 자살해도 남은 2%는 아깝지 않다"는 말이었다. 나는 이 사람에게, 그렇게까지 깊이 생각하고 명쾌하게 결의하며 죽으려는 사람을 말려야 할지 어떨지 모르겠다고 말해주었다. 그러나 내가 분명하게 아는 것은 "당신은 당신 인생을 2%밖에 살지 않았고, 98%는 아직 남아 있다"는 사실이며, 그 98%가 아깝지 않다면 자살하시라고 덧붙였다. 나름대로 많은 경험을 했다고 자부하던 사람에게 인생의 2%밖에 살지 않았다는 말은 충격이었던 모양이다. 이것이 원인이었는지 그 사람은 그 뒤로 결의를 새롭게 하여 인생과 맞서고 있다.

우리가 자신의 인생을 말할 때, 자아를 주체로 본다면 몇 퍼센트 살았다고 조금은 말할 수 있을지 모른다. 그러나 융의 꿈속에 등장한 요가 행자를 주체로 본다면, 우리가 살아온 인생이 과연 이 수행자의 명상의 몇 퍼센트였는지 말할 수 있을까? 솔직히 말해 2%라고 단언하는 것조차 삼가야 할지 모른다. 나는 우리 마음속에 존재하는 '또 하나의 나'의 무한한 크기를 확신하고, 그것을 배경으로 이 사람의 말을 뒤집어서 2%라고 임의로 말해주었다. 말하자면 그것은 한없이 '작음'에 가깝다는 뜻이다.

자기自己도 아니마, 아니무스 등과 마찬가지로 융이 생각했던 원형의 하나다. 이 원형에 대해 마지막 장에서 약간 설명을 덧붙여보겠다.

제6장 콤플렉스와 원형

앞장에서 시사했듯이, 융은 콤플렉스의 해명을 통해 원형이라는 생각을 주장하게 되었다. 여기서는 융이 생각하고 있는 원형에 관해 이야기를 해보자. 먼저, 프로이트가 가장 근본적인 것이라고 생각했던 오이디푸스 콤플렉스를 설명하고, 그와 비교해서 융의 생각을 정리해보겠다.

1. 오이디푸스 콤플렉스

먼저, 이 콤플렉스 명칭의 토대가 된 그리스 신화의 이야기를 소개하겠다. 이 신화를 토대로 소포클레스Sophocles는 「오이디푸스 왕」이라는 비극을 썼는데 줄거리는 거의 비슷하다.

오이디푸스는 테베의 왕 라이오스와 왕비 이오카스테 사이에 태어난 사내아이였다. 그런데 라이오스는 신탁을 통해 그 아이가 자라면 자신을 죽일 것임을 알고는 아기를 죽이려 한다. 이오카스테는 갓난아이를 차마 죽이지 못하고 신하에게 명해서 국경에 갖다버리게 한다. 그 뒤 그 아이는 이웃나라에서 주워 가서 그곳 코린트 왕의 아이로 자라났다.

라이오스가 아이의 발을 금침으로 꿰뚫었으므로 상처 자국이 깨끗이 아물지 않아 오이디푸스(부푼 발)라는 별명을 얻었다.

어른이 되어 친구한테서 자신이 코린트 왕의 진짜 아들이 아니라는 암시를 받자 정확한 답을 얻기 위해 델포이에 가서 아폴론의 신탁을 구한다. 그리고 고향에 돌아가면 아버지를 죽이고 어머니와 결혼할 것이라는 신탁을 받는다. 오이디푸스는 코린트 왕이 자신의 진짜 아버지라고 생각하고 있었으므로 그의 곁으로 돌아가지 않겠다고 결심하고 그대로 여행길에 오른다. 그리고 여행 도중에 좁은 길에서 만난 노인과 시비가 붙어 노인을 그가 탄 수레째 계곡 아래로 밀어 떨어뜨린다. 그런데 노인은 그의 친아버지인 라이오스였다.

오이디푸스는 아버지를 죽인 것도 모른 채 테베의 수도로 여행을 계속했다. 그 무렵, 테베 교외에는 머리는 인간 여자, 가슴과 다리와 꼬리는 사자, 그리고 새의 날개를 단 괴물인 스핑크스가 나타나 사람들을 괴롭히고 있었다. 괴물은 인간에게 수수께끼를 내어 풀지 못하면 잡아먹어버렸다. 그 수수께끼란 아침에는 네 발, 낮에는 두 발, 저녁에는 세 발로 걷는 것은 무엇인가, 하는 것이었다. 테베에는 왕이 누군가에게 살해당했으므로 스핑크스의 수수께끼를 푸는 자에게 왕위를 잇게 한다는 포고령이 내려져 있었다.

오이디푸스는 스핑크스에게 가서 수수께끼의 답은 인간이라고 말한다. 인간은 아기 때는 네 발로 기고, 크면 두 발로 걷고, 노인이 되면 지팡이를 짚어 세 발이 된다는 것이었다. 스 핑크스는 수수께끼가 풀리자 계곡에 몸을 던져 죽고 오이디푸 스는 왕위에 올라 어머니 이오카스테를 아내로 삼는다. 즉, 그 는 전혀 모르는 사이에 신탁의 예언대로 비극을 연기하고 말았 던 것이다.

그 뒤로 테베 왕국에는 흉작과 역병이 계속되었다. 델포이의 신탁을 물으니, 선왕을 살해한 범인을 찾아내서 국외로 추방 시키라는 것이었다. 라이오스 왕이 살해당했을 때의 시종 가 운데 살아남은 자를 찾아내고, 코린트 왕의 사자로부터 자초 지종을 들은 오이디푸스는 마침내 모든 것을 알게 된다. 이오 카스테는 스스로 목매달아 죽고 오이디푸스는 자신의 운명을 저주하며 스스로 두 눈을 빼내고 맹인이 되어 정처 없는 방랑 길에 오른다.

이 이야기는 참으로 엄청난 비극이다. 그러나 프로이트는 이 런 엄청난 내용이 우리 무의식 속에 존재한다고 주장했다. 그 는 신경증의 많은 병례를 토대로, 남성의 무의식 속에는 어머 니를 사랑의 대상으로 하고 아버지를 적대시하는 충동이 존재 한다고 판단하고, 그 억압에 따라 콤플렉스가 형성된다고 생 각했다. 그것을 그리스 신화 주인공 이름을 빌려와서 오이디 푸스 콤플렉스라 이름 붙였다. 프로이트는 콤플렉스 가운데 오이디푸스 콤플렉스가 가장 기본적이며 다른 콤플렉스는 여기서 파생된다고 생각했다.

프로이트와 협동하고 있던 무렵에 융이 여성에게도 같은 콤플렉스가 있음을 지적하자 프로이트도 그 의견을 받아들였고, 엘렉트라 콤플렉스라고 이름을 붙였다. 즉, 여자아이의 경우는 처음에는 어머니에게 애착심을 갖지만, 대여섯 살 무렵이 되면 이성으로서의 아버지가 사랑의 대상이 되고 사랑의 라이벌로 어머니를 적대시하는 것이다. 엘렉트라 콤플렉스라고 이름 짓게 된 토대인 그리스 신화를 간단히 소개하겠다.

트로이 전쟁에 그리스군 총사령관으로 참가했던 아가멤논이 자리를 비운 틈에, 그의 아내 클리템네스트라는 부정을 저질러 아이기스토스와 정을 통한다. 전쟁에서 이기고 돌아온 아가멤논은 두 사람의 간계에 빠져 욕조에서 참살당한다. 아이기스토스는 복수를 두려워해 아가멤논의 딸 엘렉트라를 가난한 농가에 맡기고 엘렉트라의 남동생 오레스테스를 살해하려 한다. 엘렉트라는 오레스테스를 구해내 큰아버지에게 맡긴다. 그리고 때때로 사자를 보내 아버지의 복수를 꾀해야 한다고 알린다. 그 뒤 두 사람은 힘을 합쳐서 아버지의 원수인 아이기스토스와 클리템네스트라(즉, 그들의 어머니)를 살해한다. 엘렉트라가 오레스테스를 부추겨서 클리템네스트라를 살해하려 할 때, 어머니 클리템네스트라는 그들의 입에 물렸던 젖가슴을 내보이며 너그러운 용서를 구걸하려 했다고 한다.

이 또한 오이디푸스에 뒤지지 않는 비극이다. 이것을 보고 그리스인은 잔혹하다고 생각하는 건 어리석은 일이다. 이들을 우리 마음속의 극劇으로 볼 때, 앞장에서 썼던 죽음의 체험과 조합해서 생각하면, 우리 주위에서 언제나 일어나고 있는 것임을 알게 될 것이다. 그리스 비극은 단지 그것을 확대해서 생생하게 보여주고 있을 뿐이다.

엘렉트라 콤플렉스를 포함해서 이성 부모에 대한 애착심과 동성 부모에 대한 증오나 적대감 등을 통틀어 오이디푸스 콤플렉스라고 부르는 경우가 많다. 물론, 지금까지 이야기했듯이 콤플렉스란 감정의 복합체이므로 애증의 감정이 뒤섞인 양가적인 태도로 나타나므로, 단순히 이성 부모를 사랑하고 동성 부모를 미워한다고는 딱 잘라 말할 수 없는 부분이 있다. 자아가 이런 콤플렉스의 영향을 받으면 많은 문제가 생긴다.

예를 들어 어느 소년은 오이디푸스 콤플렉스로 인해 아버지를 미워하는데, 한편으로 그의 자아는 아버지를 사랑하고 존경하고 있다. 그 갈등의 해결책으로, 아버지의 보상으로서 말을 미워하거나 말 공포증 증상으로 괴로워할지도 모른다. 또한 어느 여성은 아버지에 대한 애착이 너무 강해서 결혼 후보자로 나타난 남성을 모두 퇴짜 놓고 독신을 지키려 할지도 모른다. 권위적인 것이라면 무조건 반발하는 남성을 정신분석해보면 그 남성이 유아기 때 가졌던 아버지에 대한 증오의 감정이 해결되지 않은 채로 남아 있음을 발견할 수도 있을 것이다.

그렇다면 지금까지 들었던 많은 예에서도 오이디푸스 콤플렉스의 문제로 생각하면 이해할 수 있는 것이 많을 듯하다. 분명히, 남성에게 아버지라는 존재는 대처하기 힘든 상대다. 이길 가능성이 없다는 생각에 굴복하는 것도 분하고, 반항을 계속하거나 오이디푸스처럼 완전히 쓰러뜨려도 후회가 남는다. 이렇게 생각하면, 인간의 자아는 오이디푸스 콤플렉스를 어떻게 다룰 것인지를 일생의 과제로 삼고 있다고까지 말할 수 있다.

실제로 프로이트는 인간이 가진 문화가 이런 노력의 소산이라고 생각해, 종교나 예술의 배후에 존재하는 오이디푸스 콤플렉스를 명백하게 밝히는 데에 힘을 쏟았다.

이런 프로이트에 대해 아들러는 열등감을 중시해 반대했다고 앞에서 말했다. 아들러에 따르면 오이디푸스 콤플렉스도 열등감을 커버하고 가족에 대한 자신의 우위성을 나타내려 하기 위해 일어나는 것이다.

이에 대해 융은 동일현상에 대해 두 가지 다른 관점이 존재하고 심지어 어느 쪽이 옳고 그른지 단정할 수 없다는 점에서 아주 난감해한다. 결국, 프로이트와 아들러의 근본적인 태도의 상이점相異點에 귀착한다고 보고, 여기서 내향성과 외향성이라는 성격 유형의 생각이 생겨난다. 말하자면, 프로이트의 생각은 외향적인 관점에서 이루어져 있고, 아들러는 내향적인 입장에 의해 이루어져 있다고 생각한 것이다.

여기서 좀 더 극단적으로 말하면, 오이디푸스 콤플렉스는 프로이트 개인에게 근본적인 것이며, 열등감 콤플렉스는 아들러 개인에게 근본적인 것이었다고 말할 수 있다. 말하자면, 유대인으로서 부권이 강한 가정에서 자라고 아버지와 나이 차가 많이 났던 프로이트에게는 오이디푸스 콤플렉스가 중요하며, 둘째 아들로 태어났고 가벼운 꼽추였던 아들러, 심지어 정신분석학회에 참가했을 때 프로이트는 이미 위대한 사람으로 최정상의 위치에 있고, 자신은 그 밑에 줄을 서야 했던 아들러가 열등감 콤플렉스를 중시한 것도 무리는 아니다(에반스 「융과의 대화」에서 융은 이것을 지적하고 있다).

융은 이런 고찰을 통해 콤플렉스가 다층 구조를 갖고 있는 건 확실하지만 특정한 하나를 근본으로 삼는다고 단정할 수는 없다고 생각했다. 그리고 그런 개인적인 것을 넘어서 좀 더 보편적인 존재가 있다고 생각했으며, 그것들을 원형이라 불렀다. 원형을 설명하기 전에 먼저 오이디푸스 콤플렉스를 문화

차이라는 점에서 생각해보자.

2. 문화차이의 문제

프로이트는 오이디푸스 콤플렉스를 근본적인 것이라고 생각했고, 그것을 통해 인간의 예술이나 종교 등을 설명하려 했다고 말했다. 프로이트의 종교관을 나타낸 책으로서 1919년에 발표한 『토템과 터부』가 있다. 그의 생각을 간단히 소개해보겠다. 이 책은 미개인 사이에 존재하는 토템과 터부의 관습을 통해 인류의 종교 기원을 논하려 한 것이다.

프로이트는 원시시대의 아버지는 폭력적이고 질투가 심해 자기가 여성을 독차지하고 성장한 자식들을 쫓아내버린다고 생각했다. 그런데 '어느 날, 추방된 자식들이 힘을 합쳐서 아버지를 죽이고 그의 고기를 먹음으로써 그들 무리의 아버지에게 종지부를 찍었다.' 하지만 그들이 폭군 같은 아버지를 죽이고 먹어버렸다는 점으로 아버지와 한 몸이 됨으로써 아버지에 대한 증오와 아버지와 한 몸이 되기를 원하던 갈망을 달성하자 그들에게는 뉘우침과 죄의식이 생겨난다. 그래서 '그들은 아버지 대리인 토템의 도살은 용서받기 힘든 짓이라 단정하여 이

행위를 그만두고 자유로워진 여자들을 포기함으로써 그 행위에서 생겨난 전리품을 단념했다.' 즉, 부친 살해와 근친상간에 대한 죄가 여기서 확립되었으며, 이것은 말하자면 오이디푸스 콤플렉스 안에 억압되어 있는 원망願望과 일치한다.

프로이트는 완전히 억압되지 못한 오이디푸스 콤플렉스에 의한 행위에 대한 죄의식을 토대로 하여, 그 뒤로 오이디푸스 콤플렉스를 승화하는 수단으로써 토템 종교가 생겨나고 종교 의례가 발생했다고 생각했다. 말하자면, 의례에서 토템 동물을 성찬용으로 살해해서 함께 먹는 행위도 오이디푸스 콤플렉스에 의한 충동을 의식화하고 반복하는 것이라고 보았다.

이런 프로이트의 설에 대해, 현대의 인류학자 중에서 자세한 현지조사를 토대로 반론을 제기한 사람이 나타났다. 가장 유명한 사람은 남태평양 멜라네시아에 있는 트로브리안드 섬을 연구한 말리노프스키Bronislaw Kasper Malinowski다. 그가 트로브리안드 섬의 문화를 열정적으로 현지조사해서 내놓은 보고서인 『미개사회의 성과 억압』에 따르면, 이런 모계사회에서 사내아이는 아버지에 대해 증오의 감정을 나타내지 않을 뿐더러 모계의 외삼촌에 대해서도 전혀 그런 공격성을 보이지 않았다고 한다.

문화인류학이 발전함에 따라 콤플렉스를 해명하는 데에도

문화 차이를 고려해야 한다는 것이 명백해졌으며 오이디푸스 콤플렉스는 서양 부계사회에서 중요하게 인식되었다.

트로브리안드 섬을 현대의 문명사회에서 너무나도 먼 존재이자 우리의 생활과는 아무 관계가 없다고 생각한다면 그것은 오산이다. 한 가지 예로 현대 일본인의 문제 가운데 하나인 학교공포증을 생각해보자.

학교공포증 사례는 더더욱 증가하고 있으며, 현대 일본의 문제를 반영하고 있는 것이라 여겨진다. 성적도 우수하고 성실한 모범생이었던 어떤 남자 고교생이 어느 순간부터 갑자기 학교에 가지 않게 되었다. 소년을 만나 이야기를 해보니, 중학교 무렵부터 때때로 무서운 꿈을 꾸었다는 것이다. '자신이 흙 속으로 점점 빨려들어가 무서워서 비명을 지르며 잠이 깬다'는 참으로 무시무시한 꿈이었다. 그런데, 어느 중학생 학교공포증 아이도 이와 비슷한 꿈을 꾼 적이 있었다. 그것은 '자신이 고기의 소용돌이 속으로 빨려들어간다'는 공포스러운 꿈이었다.

이 남자아이들을 삼킨 것은 과연 무엇일까? 그들이 이런 심연에 발목이 잡혀 학교에 가지 못하고 있다고는 생각할 수 없을까? 여기서 소년을 삼키려 한 '흙'은 우리들 인간에게 한없이 거대한 의미를 갖고 있다.

원시시대의 인간에게 '흙'은 그야말로 불가해한 것이었음이 틀림없다. 모든 식물이 흙에서 태어나고 겨울이 되면 죽어서 흙으로 돌아가고 봄이 되면 거기서 새로운 생명이 재생된다. 흙은 모든 것을 낳고 또한 모든 죽은 것들을 삼켜버리는 것이었다. 이런 체험을 토대로 태곳적에 지모신地母神을 모시는 종교가 생겨났을 것이다. 그리고 때로 낳는 존재로서의 지모신이 죽음의 신으로도 모셔지고 있다. 그 특징적인 예로 일본 신화에서 모든 국토를 낳은 어머니신 이자나미伊邪那美가 나중에 황천국으로 내려가 죽음의 나라의 신이 되었다는 것을 들 수 있다.

이렇게 깊은 의미를 가진 이미지는 어떤 사람의 개인적 체험을 훨씬 뛰어넘어 '어머니'라 불러야 할 존재를 예상케 한다. 융은 이와 같은 관점에서, 어떤 개인의 체험을 넘어서 인류 공통에 기본적인 패턴이 존재한다고 보고, 이런 '어머니'의 원형을 '태모(그레이트 마더)'라고 이름 붙였다. 요컨대, 모든 인간의 무의식 밑바닥 깊숙한 곳에 태모(그레이트 마더)라는 원형이 존재한다고 생각했던 것이다. 이 원형은 모든 사물을 낳아 기르는 플러스의 면과 모든 것을 삼켜버리는 마이너스의 면을 갖고 있다.

문화 차이의 문제로 이야기를 돌린다면, 현대 일본은 이런 그레이트 마더의 원형의 강력한 작용을 받고 있다고 볼 수 있다. 말하자면, 어떤 나라의 문화의 특징으로서, 어떤 한 종류의 원형의 힘을 특히 강하게 받고 있다고 생각할 수 있다. 여기서 좀 더 이 문제에 파고들자면, 일본문화는 심리적으로는 그레이트 마더의 원형의 지배를 받으면서, 그것을 부권제라는 사회제도에 의해 보상하면서 균형을 유지하고 있다고 생각할 수 있다. 이것이 제2차 세계대전에서 패배하여 부권제가 무너졌을 때(아무리 미국이라도 그레이트 마더를 죽일 수는 없었으므로), 모성의 힘이 급격히 강해져 학교공포증이 속출하게 되었다고 생각할 수 있다.

오늘날 아버지상의 상실을 한탄하는 사람이 많다. 그러나 일본만을 놓고 보면 상실이 아니라 애시당초 부성상이 존재하지 않았다. 이 말에 대해 메이지明治 시대(1868~1912)의 강한 아버지 예를 들면서 반론하는 사람이 많을지도 모르겠다. 하지만 다음과 같은 예를 보면 그들은 어떻게 느낄까?

어느 불량소년의 아버지는 용감한 제국 군인이었다. 실제로 그는 적진으로 돌진한 적도 있는 장교였다. 그러나 아이에게는 어떤 태도를 취했을까? 그는 아이가 훌륭해지도록 자신이 직접 모든 것을 가르쳤고 처음에는 아이의 성적도 좋았다. 그러나 반항기를 맞은 아이가 점점 강해지자 감당할 수 없게 되고 아이가 요구하는 대로(속으로는 투덜거리면서도) 용돈을 주었고 결국 자동차까지 사주었다. 병사를 이끌고 적진으로 돌진했던 '강한 아버지'가 외아들 하나와 대결하지 못한 것이다.

이런 강함과 약함의 공존은 어디서 비롯될까? 이 남성은 위의 명령에 따를 때는 강했지만 아들이 "요즘 젊은 애들은 모두 차를 갖고 있다"고 했을 때 '요즘'이나 '모두' 따위의 말에 금세 항복해버리며 '자기 생각'을 갖고 아들과 대결하지 못한 것이다. '모두'가 부권제를 지키는 한, 그는 부권제의 추종자로서의 강함을 갖고 있고 적진으로 돌진하는 강인함까지도 보인다. 그러나 한 인간으로서의 그는 약한 존재다. 그레이트 마더에 의한 일체감을 지지대로 삼고 그것의 추종자로서 섰을 때 남성은 확실히 강하다. 그러나 그것은 원래의 부성상이 아니다.

부성상의 상실로 골치를 앓고 있는 미국의 현상과 부성상의 부재를 깨닫기 시작한 일본의 상태는 많은 부분에서 닮았지만 근본적으로는 다른 면을 갖고 있다.

인간의 자아 확립을 상징적으로 나타내는 '불'의 신화에서 프로메테우스는 주신 제우스의 불을 훔쳐낸다. 이에 비해 일본신화에서는 그레이트 마더로서의 여신 이자나미가 스스로 불을 낳고 그 화상 때문에 죽어간다. 남성신한테서 인간의 희생을 통해 훔쳐낸 불을 가진 민족과 여신 스스로의 희생을 통해 얻은 불을 가진 민족은 어떤 차이가 있을까? 이런 관점을 발전시키면 서양인의 자아와 일본인의 자아는 상태가 상당히 다르다는 점에 주목하게 된다.

예를 들어 일본에는 아주 많고 서양인에게는 거의 없다는 대인공포증을 생각해보자. 대인공포증인 사람들을 만나보면 이들이 타인과의 적당한 '만남'을 아주 힘들어한다는 것을 잘 알 수 있다. 예를 들면 그들은 누군가 둘이서만 있을 때는 괜찮지만, 거기에 세 번째 사람이 참여하면 힘들어한다는 사실도 지적되고 있다(가사하라 요미시笠原嘉 「낯가림」). 이것은 한 명의 타인은 그럭저럭 상대할 수 있지만 두 명을 상대하게 되면 혼란을 일으킨다는 것을 보여준다.

일본인들은 자아를 만들어갈 때 끊임없이 타인의 마음을 '헤아리면서' 다른 한편으로는 자신을 잃어버려서는 안 된다는 어려운 일을 해내야 한다. 땅인 어머니와 어느 정도 결별하고 하늘인 아버지를 모델로 해서 자아를 확립하려 했던 서양인의 자아는, 자아와 자아의 대화를 통해 관계를 맺게 된다. 그런데 태모와의 연결이 강한 일본인의 자아는 비언어적인 헤아림을 통해 타인과의 관계(관계라고 말할 수 있을지도 문제다)를 만들어야 한다. 대인공포증인 사람은 자아를 완성하기는 했지만 그것을 어찌해야 좋을지 몰라 고민하는 상태라고 볼 수 있다. 이런 곤란함에 더해서, 현대의 문화교류의 빈번함 때문에 그들의 마음속에 서양적인 의미에서의 자아가 싹튼다. 그것을 일본의 문화 속에서 어떻게 키워나갈 것인가, 하는 문제도 난감한 일이다.

이런 점 때문에 일본에서 특히 대인공포증이 많은 건 아닌가 짐작해볼 수 있다.

문화 차이의 문제에서 일본문화의 특징에 대해 너무 단정적인 표현을 썼는데 이것은 물론 신중한 고찰이 필요하다. 이런 한정된 지면에서 간단히 논할 수 있는 일이 아닐지도 모른다. 그러나 마음의 문제를 다룰 때, 서양에서 발생한 학문 체계에 따라 논리를 전개해가면 아무래도 이 문제에 부딪혀 어떤 식으로든 언급을 하게 된다.

콤플렉스를 논한 이 책에서도 대부분(나는 일본인이므로 아무리 노력해도 완전히 서양화되지는 못하므로) 서양적인 발상에 따라 제5장까지 논해왔다. 그에 대해 독자가 별로 의문을 갖지 않았다면 그것은 독자의 자아가 상당히 서양화되어 있기 때문일지도 모른다. 물론, 융이 프로이트에 비해 훨씬 동양적인 것을 포괄하고 있으므로 어쩌면 당연할 수도 있다. 그러나 독자 여러분 가운데 여러 가지 의문을 느낀 사람이 있다면 그것이 서양적인 발상에 대한 의문이 아니었을지 생각해보기 바란다. 예를 들어 자아가 언어를 통해 내용의 통합을 꾀한다는 등 언어를 중시하는 것에 대한 의문, 또는 콤플렉스와 굳이 '대결'할 필요가 있나 하는 의문 등이 생겼다면 그것은 역시 동양적인 발상에 의한 것이리라.

콤플렉스의 상태는 물론 자아의 상태와 관련이 있다. 일본인의 자아가 서양인의 자아와 다르다면 콤플렉스의 상태도 달라질 것이다. 이 점에 관해 과감하게 말하자면, 일본인의 자아는 서양인의 자아에 비해 콤플렉스와의 공생관계가 훨씬 강하다고 말할 수 있다. 말하자면 자아가 콤플렉스와 명백하게 구별되고 그것을 방어하는 것이 아니라, 자아와 콤플렉스의 경계가 모호한 상태인 것이다. 즉, 자아와 콤플렉스는 '창호지 너머(창호지를 사이에 두고)' 이웃해서 살고 있으며, 서양처럼 문이 달린 각자의 방으로 나뉘어 살고 있는 모습이 아닌 것 같다. 제3장에서 들었던 콤플렉스의 공유관계 같은 상태를 일본인은 잘 해내는데 이것이 때로 미덕으로 여겨지고 있기도 하다.

일본의 유명한 정신분석가 도이 다케오土居健郎 박사가 『어리광의 구조甘えの構造』에서 지적했듯이 일본인의 심성에서 '어리광'의 중요성은 많은 사람들의 주목을 끌고 있다. 여기서 그 주장을 자세히 설명할 수는 없지만 '어리광부리다'는 표현을 정신분석학에 있어서 '수동적 대상애對象愛'로 규정하고 이것이 일본인의 심성에 얼마나 중요하며 커다란 역할을 하고 있는지 설파하고 있다.

나도 미국에서 교육분석(분석가가 되기 위해 자신이 분석을 받는 일)을 받았을 때, 이 '어리광부리다'를 말하려는데 영어로 딱 들어맞는 표현이 없어서 난감해하다가, 이 감정에 관해 지금은 명확히 설명할 수 없지만 다음 주까지는 설명을 잘 생각해오겠다고 말하며 분석가와 헤어졌던 일이 있다. 이런저런 생각을 한 끝에, 분석가가 융파의 사람이었으므로, 그레이트 마더에 대한 감정이라는 것으로 그럭저럭 설명이 되었다. 내가 귀국했을 때, 도이 박사가 이미 '어리광'의 논문을 발표한 것을 알고, 역시 내 생각대로였음을 느꼈다. 이 '어리광' 역시 내 식으로 말하면, 일본문화에서 그레이트 마더라는 원형이 끼치는 영향의 강력함으로 귀착할 수 있다고 생각한다. 타인에 대해, 누구든지 따뜻하게 길러주는 그레이트 마더의 이미지를 바로 투영해버리는 것이 '어리광'이다. 여기에 개인차를 무시한 절대적 평등감과 절대적인 모성애의 욕구가 존재하는 것이다.

하지만 일본인의 심성과 서양인의 심성의 비교에 관해 깊이 들어가는 건 이 정도로 해두자. 이 문제에 관해서 이렇게 간단히 말해서는 안 되므로 여기서 결론을 내리는 것은 보류하겠다. 하지만 제5장까지 전개해온 콤플렉스에 관한 논의에도 역시 일본인과 서양인의 심성이 다르다는 점에 대한 고려가 어느 정도 필요하다는 것은 확실히 지적해두고 싶다.

문화 차이의 문제에서, 결국 여기서는 원형의 하나로서의 그레이트 마더(태모)에 관해 말했는데 이로써 원형에 관해 대충 감이 잡혔을 것이다. 이제 원형에 관한 일반적인 설명을 해보자.

3. 원형

원형은 융의 이론의 특징을 잘 나타내는 개념이다. 그리고 예술이나 종교 등 인간의 문화 일반을 설명하는 것으로 널리 받아들여지고 있는 반면, 비과학적인 개념이라며 비판의 대상이 되기도 한다. 근래에 갑자기 왕성해지고 있는 상징symbol 연구에서도 융의 원형 개념은 크게 중시되고 있다. 예를 들어 에드몽 오르티그Edmond Ortigues는 『언어표현과 상징』에서 "융을 중심으로 한 사람들의 영향하에 종교사, 민족학, 정신병학의 영역에서 상징을 테마로 한 저작이나 논문이 잇따라 수없이 발표된 것"을 인정하고 그 의미를 평가하고 있다.

원형의 한 가지 예로 태모를 들어서 설명했는데, 태모의 원형적 이미지는 독일의 정신분석 심리학자인 에리히 노이만Erich Neumann의 연구가 나타내듯이(『그레이트 마더』), 플러스적인 면과 마이너스적인 면이 각각 강조되면서 전 세계적으로 널리 분포해 있다. 플러스적인 면을 나타내는 것으로는 관음보살이나 성모 마리아 등을, 마이너스적인 면(무서운 면)을 강조하는 것으로는 일본의 마귀 할멈山姥이나 서양의 마녀 등을 들 수 있다. 가장 원시적인 면을 나타내는 것으로는 세상에 존재하는 태모신의 상을 들 수 있다. 다음은 어느 서양 남성의 꿈이다(프란시스 웍스, 「인간의 내적세계」에서 인용).

꿈. 나는 어두운 숲 속에서 홀로 작은 모닥불 옆에 앉아 있었다. 갑자기 커다란 올빼미가 나무에서 내려와서 그 불을 날개로 쳐서 껐다. 그리고 올빼미는 높이 날거나 지면 가까이로 날갯짓을 하면서 숲에서 멀어져 갔다. 나는 그 올빼미를 따라갔다. 올빼미는 나를 어떤 언덕에 있는 입구로 이끌었다. 들어가보니 거기는 지하동굴이었다. 올빼미는 사라지고 나는 촛불을 손에 들고 있었다. 어슴푸레한 빛 속에서 나는 동굴이 이미지로 가득 차 있는 것을 보았다. 나는 그것들이 나의 가족의 이미지임을 알았다. 아니, 알았다기보다는 느꼈다고 말하는 게 나을 것 같다. 첫 번째 사람에게 다가가서 촛불을 들이대자 나는 할머니의 얼굴을 보고 있음을 알아차렸다. 나의 마음은 공포로 가득 찼지만 계속 바라보았다. 그러자 이미지는 천천히 사라져갔다.

꿈을 꾼 남자는 가족과 떨어진 지 20년이나 지나서 자신이 가족이나 부모의 영향 아래에 있다는 생각은 해본 적도 없었으므로 이 꿈에 커다란 충격을 받았다. 이 꿈의 해석에는 이르지 못하지만 남자가 훔쳐본 할머니의 얼굴은 분명히 이 남자 자신의 개인적 체험으로 알고 있는 할머니의 얼굴이지만 지하 왕국에 나타난 마녀 같은 분위기다.

융은 이런 점에 주목하고, 인간의 마음의 밑바닥 깊숙이에 전 인류 공통의 보편적인 표상을 낳는 가능성이 존재한다고 가정하고, 그런 표상들이 어느 정도 유형화되어 파악될 수 있다는 점에서 그들의 으뜸이 되는 원형의 존재를 가정했다. 말하자면 원형은 어디까지나 가설적인 개념이며 무의식의 이런 기본적인 모습이 자아에 의해 파악될 때 그것들이 원형적 이미지로 인식된다고 생각했던 것이다. 예를 들어 태모라면, 우리는 원형으로서의 태모는 알 수 없지만 그들 자아를 통해 파악된 상으로서 앞서 말한 마리아상이나 마녀상 등은 알 수 있다. 그리고 이들 원형적인 이미지는 신화나 민담, 꿈, 정신병자의 망상, 미개인의 심성 등에 공통적으로 인정되고 있음을 명백하게 드러냈다.

융은 1919년에 발표한 『본능과 무의식』에서 '원형'이란 용어를 처음 사용했다고 하며, 그때까지는 야코프 부르크하르트 Jacob Burckhardt의 언어를 사용해 '원시심상原始心像'이라고 불렀다.

콤플렉스는 어떤 사람의 개인적 체험과 관련되어 자아에 의해 억압되었던 내용인 것이 많다. 융은 이것이 개인적 무의식의 층에 속하는 것이라 생각했으며, 그에 비해 원형은 더욱 깊은 보편적 무의식에 속한다고 생각했다. 융은 『마음의 구조』에서 보편적 무의식에 대해 "표상 가능성의 유산으로서, 개인적이 아니라 인류에게, 심지어 동물에게까지 보편적인 것이며, 개인의 마음의 진정한 기초이다"라고 말했다. 이렇게 생각하면, 앞에 언급한 남자 꿈속의 할머니상이 이 남자의 어머니 콤플렉스의 인격화인 동시에 그 배후에 있는 태모의 이미지를 중복해서 받아들이고 있음을 알 수 있다. 실제로 꿈속에서는 얕은 개인적 무의식에서 생기는 것과 보편적 무의식의 층에서 생기는 것을 어느 정도 구별할 수 있다. 예를 들면 앞서 말했던 고기의 소용돌이 속으로 빨려 들어가는 꿈 등은 깊은 층에 속한다.

원형적 이미지는 신화나 민화 등에 많이 제시되어 있다고 했는데, 이 점에 관해 생각해보자. 신화를 좀 더 주의 깊게 읽어보면 그것이 자연현상의 아날로기analogy(논리, 유추)라고 여겨지는 것들이 많다. 전 세계적으로 분포되어 있는 태양신화 등이 전형적인 예다. 아침이면 영웅신이 동방에서 탄생해 태양의 수레에 올라 천상을 운행한다. 서쪽에서는 위대한 어머니가 기다리고 있다가 그를 삼켜버린다. 어두운 밤이 되면 영웅은 이른바 '밤바다 항해'를 하며 괴물과 사투를 벌이고 아침이 되면 되살아나 동쪽 하늘에 나타난다. 이런 패턴은 조금씩 변경되어 많은 영웅신화에 들어 있다.

여기서 신화는 태양의 운행을 설명하기 위해 존재했다는, 차원 낮은 물리학으로만 생각하는 건 경솔한 판단이다. 많은 그리스인들은 태양을 네 마리 말이 끄는 수레에 올라탄 아폴론 신이라고 '곧이곧대로' 믿지는 않았다. 문제는 외적인 태양의 모습뿐만이 아니라, 태양이 하늘에 떠오르는 것을 보았을 때의 내적 체험도 고려해야 한다는 점이다. 떠오르는 태양이라는 외적 사상에 대해 내계에서 하나의 원형이 작동하고, 그 원형이 보내온 표상과 떠오르는 태양을 그 양자 사이에 존재하는 자아가 하나라고 파악했을 때, 네 마리 말이 끄는 수레에 올라탄 영웅이라는 이미지가 생겨난다.

분명히 신화는 다양한 의미를 갖고 있다. 그것은 하나의 물리학이기도 했다. 그러나 신화에서 물리학적인 측면을 제거해도 여전히 남아 있는 것, 말하자면 내계의 생생한 파악이라는 기능이야말로 중요하지 않을까? 신화학자 카를 케레니가 "진정한 신화는 사물을 설명하는 것이 아니라 사물의 기초를 닦기 위해 존재한다(『신화의 과학에 관한 논고』)"고 설파한 점은 중요하다. 인간이 어떻게 태어나고 어떻게 죽는지는 과학적으로 설명된다. 그러나 "나는 어디서 와서 어디로 가는가?"에 관해 진정으로 수긍할 수 있는 답을 얻으려면, 말하자면 마음속 깊은 곳의 기초를 닦기 위해서는 신화가 필요하다.

융은 호수 위를 날아오르는 백조를 보고 깃털옷을 입은 처녀의 비상으로 파악하는 것과 같은, 인간의 내적인 마음의 움직임 밑바닥에 원형이 존재한다고 생각했다. 그리고 그런 패턴이 인류에게 너무나도 공통적이기 때문에 '보편적 무의식'이라고 불렀다. 물론 그것을 받아들이는 문화나 사회의 차이에 따라 그 이미지에 조금씩 뉘앙스의 차이가 있는 건 당연하다. 이런 의미에서 융이 말하는 개인적 무의식과 보편적 무의식 사이에, 문화적 무의식 등이라는 층을 넣어 생각해봐도 좋을지 모르겠다. 또는 좀 더 자세하게 말하면, 가족적 무의식 등을 생각해도 좋다.

예를 들어 일본의 물리학자이자 수필가인 데라다 도라히코寺田寅彦의 작품에 「화나는 설날腹の立つ元旦」이라는 수필이 있다. 온화한 성격의 어떤 노인이 설날 아침이 되면 심기가 불편해져 가족들은 불길한 생각을 한다. 그런데 노인의 아들이 아버지도 돌아가시고 가정도 꾸리게 된 어느 해 정월, 갑자기 심기가 불편해지고 돌아가신 아버지 생각도 나면서, 예전에 아버지의 설날 기분을 이해한다. 그리고 나서 몇 년 뒤, 그 아들의 아들이 어느 해 정월에 사소한 일에서 심기가 불편해지는 것을 알아차

리고, 아버지가 놀라면서 심한 두려움을 느꼈다는 이야기다.

이 이야기는 아무래도 지은이의 경험담 같은데, 이렇게 한 가족에게 공통된 콤플렉스를 찾아내는 일은 많다. 또는 하나의 문화나 사회에 공통의 무의식이 되어 있는 것, 예를 들어 일본 사회라면 부성상이라는 것이 공통의 무의식에 잠겨 있다고도 생각된다.

이것들을 거꾸로 말하면, 어느 개인, 어느 가족, 어느 사회 등에서 특징적인 무의식의 패턴을 찾아낼 수 있는데, 이들을 통해 공통이 될 만한 형태를 찾는 동안에, 가장 밑바닥에 있는 공통의 형태로서 떠오르는 것을 원형이라고 가정할 수 있다.

단순하게 나누자면, 그림 5와 같이 무의식은 개인적 무의식과 보편적 무의식으로 나눌 수 있고, 전자가 콤플렉스로 이루

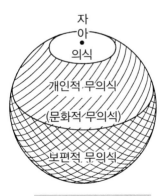

- **그림 5 무의식의 층구조**

어진 반면 후자는 원형으로 채워져 있다고 생각할 수 있다.

융이 원형으로 중요시했던 것은 아니마, 아니무스, 자기自己, 태모 이외에 노현자老賢者나 그림자 등도 있다. 그림자는, 이중 인격의 예로 들었던 이브 블랙이나 야마다 소년의 나쁜 마음 같은 이미지의 원형이다. 안데르센 동화「그림자」등은 글자 그대로 '그림자' 이미지의 전형이다. 이렇게 보면, 모든 콤플렉스는 개인적 체험 속에서 억압되었던 것이 다양한 원형과 서로 얽히며 성립되어 있음을 알 수 있다. 그러므로 콤플렉스의 영향을 막으려고 콤플렉스를 너무 분리된 것으로만 취급하면 그 밑바닥에 존재하는 원형적인 것으로부터도 분리되어버려 자아가 생명력을 잃어버리게 된다. 이것을 생생하게 묘사하고 있는 것이 제2장에 썼던 분신을 잃어버린 슬픔을 주제로 한 문학 작품이라고 할 수 있다. 그림자는 자아에게는 받아들이기 힘든 것이지만, 그렇다고 그것을 없애버리면 그 사람은 '밋밋한 환영에 지나지 않는(융, 「분석심리학에 관한 두 논문」)' 것이 되어 살아 있는 사람으로서의 인간미를 잃어버리게 된다.

원형은 어디까지나 가설적인 개념이며 우리는 원형의 존재를 알아낼 수는 없다. 자아는 이미지를 통해 원형의 움직임을 파악할 수 있을 뿐이다. 원형은 어디까지나 은유에 의해 성질이 명백해지며, 언어표현에 의해 명확해지지는 않는다. 이 무한한 가능성을 품고 있는 보편적 무의식 층에서 보내오는 표상에 자아가 어떻게 의미를 부여하느냐에 따라서 우리는 창조적인 생활을 만들어갈 수 있다. 융은 이런 과정을 '자기실현 과정'이라 불렀다. 이제 마지막으로 자기실현 과정을 알아보자.

4. 자기실현

콤플렉스에 관해 이야기하는 마지막 대목에서 자기실현에 관해 쓰자니, 참으로 적절하다는 생각과 부끄럽다는 느낌이 교차한다.

심리치료사들은 콤플렉스의 해소라는 일을 통해 결국은 상담하러 온 사람들의 자기실현 과정에 참여하게 되는데, 자기실현이라는 말에서 연상되는 만큼 빛나는 일만 있지는 않다. 남들이 보기에는 참으로 하찮은 일을 둘러싸고 부모자식이나 형제, 사제지간에 서로 으르렁거리며 싸운다. 치료자도 어느샌가 휘말려들어 우왕좌왕할 때도 있다. 가끔은 자기실현의 어려움이나 위험성을 견디지 못해 달아나기도 한다. 이런 점도 있는 반면, 확실히 인간의 마음이 이루는 발전의 대단함에 감동을 받기도 한다. 자기실현에 있어서 빛과 어둠의 양면을 간과하지 않도록 주의를 기울이면서 이야기를 해보겠다.

우리의 의식은 자아를 중심으로 어느 정도 통합성을 갖고 있다. 반면에 콤플렉스는 자아를 위협하는 것으로 작용하고 있다. 그에 대해서 자아가 다양하게 대처하는 것은 제3장에서 말했다. 그리고 제4장에서 말한 대결 과정을 거쳐 콤플렉스의 내용은 자아에 통합되어간다.

어떤 콤플렉스가 강력해졌을 때, 그에 대응하는 듯한 외적 사상事象이 자주 생겨난다. 또는 어떤 특징적인 외적 사상이 생겨날 때, 그에 대응하는 콤플렉스가 강력해지는 경우도 많다. 이에 대해 원인과 결과로 명확하게 설명이 되는 경우도 있고, 어쨌든 하나의 '배치'가 만들어져 있다는 건 알 수 있지만 어느 쪽이 원인인지조차 말할 수 없는 경우도 있다. 우리는 이런 내계와 외계의 불가사의한 호응성을 많이 체험한다. 예를 들면 제3장에서 든 미국인 부부와 일본인 여학생의 예가 있다. 또는 제4장에서 들었던 학교공포증 아이의 경우도 가족 안에 훌륭한 배치가 만들어졌다.

이처럼 내계와 외계가 호응하는 일이 많으므로, 많은 경우 사람은 외적인 사상을 공격하거나 자신의 불운을 한탄한다. 말하자면 "이런 여자애를 하숙생으로 들였기 때문이에요"라든지 "아들이 너무 게을러빠져서 골머리를 앓고 있어요"라든지

"엄마 잔소리가 너무 심하거든요" 등등 무엇이든 말할 수 있다. 그때 자신의 내계를 향해 조금이라도 눈을 뜬다면 자기 마음속에 존재하는 콤플렉스를 깨달을 것이다.

그러나 이것은 뭐든지 "내 탓이오"라고 말하는 소극적인 반성으로 이어지지는 않는다. 내계와의 대결은 외계와의 대결을 의미한다. 지금까지 제시한 예에서 어머니와 아들, 사장과 사원 등의 대결이 일어나는 것, 그리고 그 대결을 통해 비로소 인격의 발전이 이루어진다는 것에 주의하기 바란다. 이때 내적인 의미를 아는 이는 어머니나 사장을 그저 공격하지만은 않는다는 것에 주의해야 한다. 즉 콤플렉스가 폭발하기만 해서는 안 된다는 말이다.

자기실현 과정에서 자아의 역할은 아무리 강조해도 지나치지 않다. 물론 자아만 애써봤자 발전은 없다. 그러나 콤플렉스와 대결하기 위해서는 자아가 충분히 강해야 한다. 융은 「인격의 통합」에서 의식과 무의식의 적절한 관계에 관해 다음과 같이 쓰고 있다.

'의식과 무의식은 어느 한쪽이 다른 쪽에 억압되거나 파괴되어 있으면 하나의 전체를 만들어낼 수 없다. 양자가 평등한 권리를 갖고 공평하게 싸우게 하면 양쪽 모두 만족할 것임이 틀림없다. 양자는 생명의 양면이다. 의식으로 하여금 합리성을 지켜 자기방위를 하게 하고, 무의식의 생명으로 하여금 그 자신의 길을 갈 수 있는 공평한 기회를 받아들이게 하자. ……그것은, 예전부터 존재하는 망치와 모루 사이의 기술이다. 그 사이에서 담금질된 쇠는 이윽고 부서지지 않는 전체, 즉 개인이 될 것이다.'

물론 이 말에서 무의식의 힘의 긍정적인 면만을 읽어내서는 안 된다. 여기서 자아가 약하면 본인이나 다른 누군가가 힘들어질 뿐이다. 융은 자서전에서 자신이 무의식의 내용과 대결하던 시기에 일상생활, 요컨대 가족과 지내거나 일에 몰두한 것이 얼마나 든든한 버팀목이 되어주었는지 모른다고 말하고 있다.

이런 아주 극단적인 경우의 예로 제임스 조이스 부녀에 관해 생각해보자(월콧Walcott 「칼 융과 제임스 조이스」). 제임스 조이스의 딸 루시아는 분열증이었다. 그러나 조이스는 아버지로서 그것을 좀처럼 인정하지 않고 오히려 루시아의 놀라운 재능에 집착했다. 확실히 신조어를 만들어내거나 이해할 수 없는 합성어를 만들어낼 수 있다는 점에서 아버지와 딸의 재능은 많이 닮았다.

하지만 융은 두 사람을 이렇게 묘사하고 있다. "함께 강바닥에 도달하려 하고 있는 두 명의 인간 같다. 한 사람은 빠져서, 또 한 사람은 다이빙을 해서 말이다." 말하자면, 조이스는 스스로 물에 뛰어들고 스스로 물 위로 올라올 수 있지만 루시아는 단지 물에 빠져서 허우적거리고 있는 것일 뿐이라는 말이다. 조이스의 신조어나 합성어는 그의 의식적인 창조적 노력의 결과지만 루시아의 그것은 루시아가 창조한 것이 아니라 왜곡된 무의식 과정이 루시아를 위해 만들어낸 것이다. 즉 루시아의 경우는 주체가 무의식 쪽으로 옮겨가고 있다.

이것은 물론 아주 특별한 경우다. 그러나 무의식의 힘에 억압당해 타인에게 피해를 주면서도 그것이 개성적이라고 생각하는 사람이 뜻밖에 많다. 융은 우리가 자기실현의 길을 걸으며 개성적으로 살기 위해서는 외계로부터 요청되는 지루한 생활을 끝까지 해내야 한다고 말하고 있다. 지루한 생활을 끝까지 해내는 것은 "바깥에서는 인정받을 수 없는 히로이즘Heroism을, 실제로 필요로 한다"(『분석심리학에 관한 두 논문』)라고까지 쓰고 있다.

콤플렉스와 동일화할 때(즉, 자아의 힘이 약할 때) 그 사람의 힘은 강하다. 거기에 원형적인 요소가 배후에서 작용하면 그 강함은 부당한 힘이 되어 가짜 영웅이 만들어진다. 바꿔 말하면, 이것은 자아가 약하기 때문에 영웅적 행위를 강제당하고 있는 것에 지나지 않는다. 결국은 현실인식의 힘이 약하기 때문에 뼈아픈 좌절을 겪게 되는 것이다.

권력에 반발해 열심히 학생운동을 하던 어떤 학생이 그것이

지겨워지자 자극을 얻기 위해 도둑질을 하다가 체포되었다. 확실히 우리는 '도둑질'의 상징적 의미에 대해 잘 알고 있다. 그러나 이런 좌절한 영웅에게는 프로메테우스도 할 말을 잃지 않을까? 이런 예를 접하면 자기실현이라는 말을 함부로 입에 올리기가 무서워진다.

오늘날 우리가 자기실현 문제를 중시해야 하는 이유 가운데 하나는 외적 세계의 엄청난 확장이다. 교통기관의 급격한 발달로 우리는 생각지도 못하던 외적인 확장을 얻게 되었다. 앞서 예로 들었던 미국인 부부도 일본인 소녀라는 외적 사상을 접하고는 어쩔 수 없이 그들의 약점인 그레이트 마더와의 대결을 강요당하게 되었다. 또는 누군가 쉽게 돈을 벌었다는 이야기를 들으면 그 사람의 금전 콤플렉스가 흔들린다. '나는 손해 봤는데' 또는 '나는 버스를 너무 늦게 탄 건 아닌가' 의심하기 시작하면 안절부절못하게 된다. '나'에 대한 강한 확신이 없을 때, 그 사람은 얻는 정보의 양이 많으면 많아질수록 그에 비례해서 안정을 잃어가는 것이다. 명백하게 자신의 자아에 뿌리 내린 길을 걷지 않는 사람은 위험하다.

예전에 인간이 여러 가지 제도에 의해 외적 규제를 받고 있을 때, 사람은 정해진 그릇 안에서 일생을 보내야 했다. 그 정해진 그릇 안에 자기실현의 과정을 담아내지 못한 사람은 참으로 불행했다. 오늘날, 인간은 노력을 거듭해서 그런 외적인 규제를 약화시키고 있다. 한 가지 예를 들면, 일본에서는 대부분의 사람들이 능력만 있으면 어떤 대학이든 갈 수 있게 되었다. 그러나 문제는 '과연 내가 대학에 가야 하는가', '대학에 간다면 어디로 갈 것인지 어떻게 결정할 것인가'이다. 즉, 우리는 자신이 자기실현할 용기를 스스로 선택하고 스스로 만들어야 하는 것이다. 이것도 어려운 일이다. 그렇다면 그릇 크기를 키우는 데 에너지를 너무 낭비해서, 정작 그 그릇에 채워 넣는 내용이 변변치 못해지는 경우가 많지는 않을까. 오늘날의 시대정신은 이 그릇의 크기를 중시하는 경향이 있는 것 같다.

외계가 넓어지면서 그에 대응하는 콤플렉스가 작용을 받는다. 게다가 외계의 확충에 에너지를 낭비하기 때문에, 내계의 일에 쓰이는 에너지가 적어지게 되면, 그 손해는 두 배로 늘어난다.

인류의 발자취는 달까지 뻗어나갔다. 이것은 정말 획기적인 일이다. 하지만, 그럼으로써 인간은 지금까지 달에 투영하던 많은 이미지를 잃어버렸다. 예를 들어 달맞이 의식을 통해 끌어냈던 에너지는 그 수로화水路化, canalization를 잃어버리게 된 것이다. 과학의 진보는 우리의 전통 의식을 점점 파괴해간다. 이대로 가만히 있다간 수로를 잃고 고여 있던 에너지가 갑자기 파괴적으로 작용하지 않을까 걱정도 된다.

그렇다고 과학의 진보를 공격할 생각은 손톱만큼도 없다. 과학의 진보는 분명히 좋은 일이다. 그러나 그것 때문에 잃어버린 것을 회복할 수단은 갖춰야 한다. 여기서 우리가 취해야 할 길은 전통적인 의식에 다시금 생명을 부여하거나 새로운 의식을 창조하는 것이다. 말하자면 각자가 개인의 신화를 찾아내는 것이라고 말해도 좋을지 모르겠다.

미르치아 엘리아데Mircea Eliade가 『삶과 재생』에서 말했듯이 "근대세계의 한 가지 특색은 깊은 의의를 가진 통과의례가 사라진 것"이라고들 한다. 확실히 전통사회와 결별하며 생겨난 근대사회를 살아가는 우리는 전통적인 통과의례에 쉽게 기댈 수 없다. 여기서 우리에게 주어지는 문제는 전통사회의 일원이 아니라 개성을 가진 한 사람의 인간으로서 개인에 의한, 개인을 위한 통과의례를 어떻게 통과할 것인가 하는 점이다. 이런 점에서 죽음과 재생의 의미를 가진 콤플렉스와의 대결에 관한 설명은 시사하는 바가 있을 것이다. 콤플렉스를 거부하거나 회피하지 않고 콤플렉스와의 대결을 통해 죽음과 재생을 체험하고 자아의 힘을 점차 강화시켜나가는 것이 자기실현 과정인 것이다.

강화된 자아를 갖고 콤플렉스와 대결하며 동화해가는 것. 그런 다음에 비로소 이 장에서 시사했던 원형과 대결할 수 있게 된다. 융은 오히려 후자와 같은 의미에서의 자기실현 과정을 중시했다. 원형에 관한 상세한 논의는, 이 작은 책의 범위를 넘어서므로 다른 기회에 논해보도록 하겠다.

후기

20세기 후반이 되자 인류의 탐색 능력은 폭발적으로 커졌다. 달여행의 성공이 똑똑히 증명하듯이 지구상에는 더 이상 우리가 '탐험'할 수 있는 곳이 남아 있지 않다는 생각까지 든다. 그런데 현대에도 여전히 미답의 땅으로 남아 있는, '탐험' 가능성으로 가득한 영역이 있다. 그것은 우리들 인간의 내계, 무의식의 세계다. '콤플렉스'란 그 미답 왕국의 이름이다. 현대인은 외계 탐험에 마음을 너무 빼앗겨 내계의 탐색을 게을리 하고 있는 건 아닐까?

콤플렉스는 우리가 배제해야만 하는 티끌 따위가 아니다. 혹시 티끌이라 하더라도 "가장 낮은 것에서 가장 고귀한 것이 태어난다"는 역설을 포함하는 것이다. 이 책에서는 콤플렉스에 관한 이야기를 통해서 결국은 '나'라는 것, 노이로제, 그리고 다양한 인간관계, 예를 들면 산다는 것, 꿈꾸는 것, 남성과 여성 등에 대해서, 거기에 더해 그 배후에 존재하는 원형(아키타이프)에 이르기까지 언급해보았다. 이것은 그야말로 "콤플렉스는 심적 생명의 초점이자 결절점이다"라는 융의 주장에 따른 구성이다.

이런 대중서에서 사례를 자세히 고찰할 수도 없고, 그렇다고 사례 없이 설득력 있는 논의를 전개할 자신도 없다는 딜레마가 있었다. 결국 사례를 약간 환골탈태하고, 너무 개인적인 이야기는 흥미롭더라도 생략하여 고민을 해결했다. 독자 여러분의 너그러운 양해를 바란다.

콤플렉스의 제창자인 융 학파에 속한 사람으로서, 나의 논지는 대부분 그의 생각을 토대로 전개되고 있다. 융심리학 전체에서 나의 주장이 어떠한 위치를 점할 수 있을지에 대해서는 졸저 『융심리학 입문ユング心理学入門』을 참고하면 좋을 것이다. 이 책 역시 콤플렉스에만 너무 치중하지 않도록 신경 썼다.

해설서라는 성격상, 다른 책에서 인용한 것은 본문 속에서 ( )안에 제목을 표시하는 정도로 하고, 상세한 것은 책 뒷부분에 인용문헌으로서 제시했다. 또한 참고서적으로서 적당한 목록을 약간 병기해두었다.

이 책의 내용을 뒷받침하는 토대인 필자의 치료체험은 주로 덴리天理대학 교직과정 연구실 및 교토대학 교육학부 임상심리학 연구실에서 겪은 것이다. 두 교실에서 지도나 원조를 해주신 많은 분들에게 진심으로 감사 인사를 드린다. 또한 제2장에 제시한 '이중인격 소년' 사례는 오사카 부립 여자대학의 마키

야스오牧康夫 교수의 소개로 알게 되었다. 이 자리를 빌려 감사
드린다.

1971년 10월

가와이 하야오

역자 후기

콤플렉스가 없는 사람은 세상에 존재하지 않는다. 삶의 모든 과정이 스트레스이듯이, 사람은 태어나서 죽을 때까지 어떤 종류의 것이든 콤플렉스로부터 결코 자유로울 수 없다. 융 심리학(정신분석학)을 일본에 도입한 선구자로, '일본 융심리학의 1인자'로 불리는 저자는 이런, 우리가 원치 않는 '삶의 동반자(?)'와 이혼하거나 파경에 이르지 않고 살아갈 수 있는 심리학적 조언을 들려준다. 이 책은 저자가 이끌어주는 미지의 정신세계 탐험기이자, 누구나 그 존재를 느끼고 알고 있지만, 어느 누구도 정확한 정체를 파악할 수 없는 그것, '콤플렉스'에 대한 친절한 입문서다.

콤플렉스란 정확하게 어떤 의미일까? 오늘날 우리들에게 콤플렉스라는 단어 자체는 일단 어둡고 부정적인 뉘앙스다. 숨기고 싶은 것, 안 좋은 것, 열등한 것이라는 느낌으로 사용하지만, 융이 사용한 단어 자체의 의미는 '감정으로 물든 덩어리'이며, 어떤 가치판단도 품고 있지 않다. 하지만 우리는 정작 콤플렉스를 무조건 부정하고 숨기기에 급급한 나머지, 그것이 품고 있는 가능성이라는 '아름다운 진주'를 놓치고 있지는 않을까? 콤플렉스를 숨기기보다는 '대결'하여 해소하는 것이 삶의 긍정적인 에너지로 활용하는 방법이다. 그러므로 사실 이 책에서 저자가 가장 강조하고 싶었던 것은 콤플렉스의 정체보다는 그것이 가진 막강한 에너지에 대한 보다 구체적인 파악과, 긍정적인 가능성으로의 활용성일 것이다.

살다보면 무조건 거부하거나 회피하기보다는 무모할지라도 부딪쳐보는 용기가 필요한 순간들이 반드시 있다. 콤플렉스를 대하는 자세도 마찬가지다. 이 책은 내 삶의 가장 극적인 순간일 수 있는 그때에 심리적 동지(!)가 되어줄 수 있는 책이다. 독자 여러분의 자아가 비온 뒤 땅처럼 단단해져서 콤플렉스에 휘둘리지 않는 건강한 삶을 살아가는 방법을 찾아내는 데에 이 작은 책이 도움이 될 수 있기를 바란다.

2017년 2월
옮긴이 위정훈

인용 · 참고문헌

각 장별로 먼저 인용문헌을 들고, 다음에 적당한 참고문헌을 몇 권 더 표시했다. 또한 융 전집은 Die Gesammelten Werke von C. G. Jung으로서, Rascher Verlag, Zürich und Stuttgart에서 출판되고 있다. 영역본은 Pantheon Books Inc., New York과 Routledge & Kegan Paul Ltd., London에서 출판되고 있다. 문헌 가운데 G. W.는 융 전집을 가리킨다.

제 1 장

가사하라 요미시笠原嘉·이나나미 마사미쓰稻浪正充「대학생과 대인공포증大学生と対人恐怖症」『전국대학보건관리협회지全国大学保健管理協会々誌』4호, 1968.

Jung, C. G., Zwei Schriften über analytische Psychologie, G. W. 7.

Jung, C. G., Über die Psychologie der Dementia Praecox, G. W. 3.

Freud, S., Zur Psychopathologie des Alltagslebens.

Evans, R., Conversation with Carl Jung, D. Van Nostrand Company, Inc., 1964.

Riklin, F., Jung's Association Test and Dream Interpretation, J. of Projective Techniques, 19, 1955.

도가와 유키오戸川行男『임상심리학 논고臨床心理学論考』가네코쇼보金子書房, 1971.

Ey, H., La Conscience, Presse Universitaires de France, 1963.

Jaspers, K. Allgemeine Psychopathologie, 5 Aufl., Springer, 1947.

Jung, C. G., Kryptomnesie, G. W. 1.

이상의 인용문헌 이외에

Jung, C. G., Studies in Word-Association, Russell and Russell, 1918
은 융 편에 의한 언어연상에 관한 연구의 정리다.

제1장과 관련된 정신분석 해설서로는 다음과 같다.

도이 다케오土居健郎·오코노기 게이고小此木啓吾 편『정신분석精神分
析』『현대의 에스프리現代のエスプリ』40호 시분도至文堂, 1969.

미야기 오토야宮城音弥『정신분석 입문精神分析入門』이와나미 신서岩
波新書, 1959.

제 2 장

Robert Louis Stevenson, 이와타 요시키치岩田良吉 역『지킬박사와 하
이드지-キル博士とハイド氏』이와나미 문고岩波文庫, 1957.

Janet, P., L'Evolution Psychologique de la Personnalité, 1927.

Thigpen, C. & Cleckley, H., The Three Faces of Eve, MacGraw-Hill,
1957.

오기노 고이치荻野恒―『정신병리학 입문精神病理学入門』세이신쇼보
誠信書房, 1966.

나카무라 고쿄中村古峡「이중인격 소년二重人格の少年」(나카무라 고쿄「변
태심리연구変態心理の研究』다이도칸쇼텐大同館書店 1919 수록)

Hans Christian Andersen「그림자影法師」(오오하타 스에키치大畑末吉 역「안

데르센 동화집アンデルセン童話集』3 이와나미 문고岩波文庫, 1964)

미야모토 다다오宮本忠雄「뭉크의 '절규'를 둘러싸고ムンクの『叫び』をめぐって」『정신의학精神医学』8권 8호.

요시다 로쿠로吉田六郎『호프만──낭만파 예술가ホフマン-浪曼派の芸術家』게이소쇼보勁草書房, 1971.

이와이 히로시岩井寛『아쿠타가와 류노스케芥川龍之介』곤고숫판신샤金剛出版新社, 1969.

가타구치 야스후미片口安史『작가진단──로샤 테스트에 의한 면접에 따름作家の診断──ロールシャッハ・テストによる面接による』시분도至文堂, 1966.

후지나와 아키라藤縄昭「어느 분신 체험에 대해──정신분열병자의 두 예ある分身体験について-精神分裂病者の二例」『심리학 평론心理学評論』14권 1호, 1971.

Jung, C. G., Zur Psychologie und Pathologie sogenannter okkulter Phänomene, G. W. 1.

Jung, C. G., Modern Man in Search of a Soul, Harvest Books, 1933.

이하 기타

니시마루 시호西丸四方의『병든 마음의 기억病める心の記録』(주코 신서中公新書, 1968)은 이중신 체험의 증례에 대한 흥미로운 보고다.

이중신에 대해서는 프로이트도 다음 논문에서 다루고 있다.

Sigmund Freud「불안한 것無気味なもの」(다카하시 요시타카高橋義孝 역『프로이트 선집フロイド選集』7권 니혼교분샤日本教文社 수록).

열등감에 대한 아들러의 생각을 나타내는 것으로서는 다음 책이 있다.

Alfred Adler, 다카하시 다이지高橋堆治 역『아이의 열등감子供の劣等

感』세이신쇼보誠信書房, 1962.

제3장

Freud, S., Eine Kindheitserinnerung des Leonardo da Vinci, 1910(「예술론」,「프로이트 선집」 7권 니혼교분샤 수록).

Jung, C. G., Modern Man in Search of a Soul.

하야시 다케시林武『미에 살다美に生きる』고단샤 현대신서講談社現代新書, 1965.

Jung, C. G., Medizin und Psychotherapie, G. W. 16.

Jung, C. G., Erinnerungen-Träume-Gedanken, Rascher Verlag, 1961.

신경증이나 다른 정신병 증상, 그것들의 관계 등에 대해서는 다음
과 같은 참고서를 들 수 있다.

무라카미 마사시村上仁『이상심리학異常心理学』(개정판) 이와나미 전서岩波全書, 1963.

제4장

야마구치 마사오山口昌男『아프리카의 신화적 세계アフリカの神話的世界』이와나미 신서岩波新書, 1971.

Jung, C. G., On the Psychology of the Trickster-Figure, translated from part 5 of Der Göttliche Schelm, by Paul Radin, G. W. 9, 1.

이노우에 야스시井上靖『화석化石』가도카와쇼텐角川書店, 1969.

Wickes, F., The Inner World of Childhood, Appleton-Century-Crofts, Inc., 1927.

Jung, C. G., Über die Energetik der Seele, G. W. 8.

Frazer, J., The Golden Bough.(『황금가지편』 1~5 이와나미 문고 1966~1967)
죽음과 의식의 의미에 대해서는 다음을 참고하기 바란다.

히구치 가즈히코樋口和彦 「현대에 있어서의 죽음의 의미現代における 死の意味」『창조의 세계創造の世界』2호, 1971.

가와이 하야오河合隼雄, 「자살의 상징적 의미에 대하여自殺の象徵的意 味について」『심리학 평론心理学評論』 14권 1호, 1971.

Henderson, J., Thresholds of Initiation, Wesleyan University Press, 1967.

제 5 장

Bachelard, G., La Psychanalyse du Feu, 1938.(『불의 정신 분석』 세리카쇼 보, 1969)

Kerényi, C., Prometheus—Archetypal Image of Human Existence, Thames and Hudson, London, 1963.

Kerényi, C., The Gods of the Greeks, Thames and Hudson, London, 1951.

Mead, M., Sex and Temperament, The New American Library, 1950.

von Franz, M.-L., The Process of Individuation, in Man and His Symbols, 1964, ed. by Jung.(『인간과 상징』 가와데쇼보 신서)

Jung, C. G., Grundfragen der Psychotherapie, G. W. 16.

꿈 분석에 대해서는 융 전집 안의 꿈에 관한 논문 이외에, 다음 책의 꿈 분석 장이 융의 생각을 아주 적절하게 요약하고 있다.

Meier, C. A., Jung and Analytical Psychology, Department of Psychology, Andover Newton Theological School, 1959.

제 6 강

Evans, R., Conversation with Carl Jung.

Freud, S., Totem und Tabu, 1919. (『문화론』 『프로이트 선집』 6권 니혼교분샤 1965 수록)

Malinowski, B., Sex and Repression in Savage Society, Routledge & Kegan Paul, 1937.

가와이 하야오河合隼雄 『융심리학 입문ユング心理学入門』 바이후칸培風館, 1967.

가사하라 요미시笠原嘉 「낯가림人みしり」 『정신분석 연구精神分析研究』 15권 2호, 1969.

도이 다케오土居健郎 『어리광의 구조甘えの構造』 고분도弘文堂, 1971.

Ortigues, E., Le discours et le symbole, 1961.(『언어표현과 상징』 세리카쇼보, 1970)

Neumann, E., The Great Mother, Routledge & Kegan Paul, 1955.

Wickes, F., The Inner World of Man, Methuen & Co., Ltd., 1950.

Jung, C. G., Instinkt und Unbewußtes, G. W. 8.

Jung, C. G., Die Struktur der Seele, G. W. 8.

Kerényi, C., and Jung, C. G., Essays on a Science of Mythology,

Harper & Row Publishers, 1949.

Jung, C. G., Zwei Schriften über analytische Psychologie, G. W. 7.

Jung, C. G., The Integration of the Personality, Routledge & Kegan Paul, 1940.

Walcott, W., Carl Jung and James Joyce, Psychological Perspectives, Vol.1, No.1, Jung Institute of Los Angeles, Inc., 1970.

Eliade, M., Birth and Rebirth, 1958. (『삶과 재생』, 도쿄대학 출판부, 1971.)

그리스 신화에 대해서는 앞에서 든 Kerényi의 저작 이외에 다음과 같은 것이 있다.

Thomas Bulfinch, 노가미 야에코野上弥生子 역『개정 그리스 로마 신화改訳ギリシア・ローマ神話』상·하 이와나미 문고岩波文庫, 1953.

구레 시게이치呉茂一『그리스 신화ギリシャ神話』신초샤新潮社, 1956, 개정증보판 1969.

콤플렉스

초판 1쇄 인쇄 2017년 3월 20일
초판 1쇄 발행 2017년 3월 25일

저자 : 가와이 하야오
번역 : 위정훈

펴낸이 : 이동섭
편집 : 이민규, 오세찬, 서찬웅
디자인 : 조세연, 백승주
영업 · 마케팅 : 송정환
e-BOOK : 홍인표, 안진우, 김영빈
관리 : 이윤미

㈜에이케이커뮤니케이션즈
등록 1996년 7월 9일(제302-1996-00026호)
주소 : 04002 서울 마포구 동교로 17안길 28, 2층
TEL : 02-702-7963~5   FAX : 02-702-7988
http://www.amusementkorea.co.kr

ISBN 979-11-274-0606-6 04180
ISBN 979-11-7024-600-8 04080

COMPLEX
by Hayao Kawai
Copyright ⓒ 1971, 2007 by Kayoko Kawai
First published 1971 by Iwanami Shoten, Publishers, Tokyo.
This Korean edition published 2017
by AK Communications, Inc., Seoul
by arrangement with the Proprietor c/o Iwanami Shoten, Publishers, Tokyo.

이 도서의 국립중앙도서관 출판예정도서목록(CIP)은 서지정보유통지원시스템
홈페이지(http://seoji.nl.go.kr)와 국가자료공동목록시스템(http://www.nl.go.kr/kolisnet)에서
이용하실 수 있습니다. (CIP제어번호: CIP2017004944)

*잘못된 책은 구입한 곳에서 무료로 바꿔드립니다.